天使投资指南

从经验到实战的投融资智慧

刘国炜◎著

ZHEJIANG UNIVERSITY PRESS
浙江大学出版社

目 录

第一篇 关于天使投资，你了解这些吗？

第二篇 天使投资的逻辑与规律

目 录

第一篇

关于天使投资，
你了解这些吗？

第一章　一个投资人眼中的
天使投资

什么是天使投资

在 2012 年以前，天使投资这个概念还没有被很多人知道，但是随着移动互联网的井喷式发展，2014 年天使投资机构不断涌现并进入大众视野。 这一年，国内创业氛围受李克强总理的"大众创业、万众创新"倡导而空前火热。2015 年 5 月李克强总理到访过的中关村创业大街，如今也成为创业者与创业服务者的圣地。

在国家的倡导之下，创新创业成为时代的潮流，年轻人的创业热情被彻底点燃，各类优秀人才加入创业者的行列，各地方政府也为"双创活动"提供了力度空前的支持。在这样的一个大环境之下，各地涌现了数量庞大的"孵化器""加速器""联合办公空间"，围绕创业的各种服务形式也应运而生。

在蓬勃兴起的创业大潮中，有一支不可忽视的力量——天使投资机构。2012年前，很多投资机构大多还没有设立，即使设立了，知名度也和现在相去甚远。为什么有如此众多的天使投资机构在创业大潮中应运而生？为什么在美国的天使投资机构数量并不多，但是中国却会涌现出这么多优秀的天使投资机构？在我看来，原因就是天使投资是这个时代极有竞争力的金融产品之一，它们承担了更高的风险，也获得了可观的收益。

2014年9月的夏季达沃斯论坛开幕式上，李克强总理提出，要在960万平方公里土地上掀起"大众创业""草根创业"的新浪潮，形成"万众创新""人人创新"的新态势。 之后中国的创业大潮开始真正爆发，李克强总理提出的"双创"口号成为整个社会经济创新大潮中的助推器。而天使投资作为动力来源之一在其中起到了不可替代的作用。 天使投资最初并不是由天使投资机构作为主导。 在其他国家，天使投资是以个人为主；但是在中国，扮演天使投资中坚力量的却是一些优秀的天使投资机构。 在美国，不仅没有国家推动的创新创业大潮，天使投资机构还面临着投资效率过低、缺少案源等问题。 但是在中国这样的环境之下，有一定专业性的天使投资机构比大多数个人天使取得了更好的投资回报，因此它们很快为大家所青睐。 良好的投资回报使得企业募集资本不再成为难事，天使投资机构也迅速壮大，有了更多的资金，就可以投资更多的创业项目，所以天使投资机构在中国市场上的影响力远远高于以个人为主的天使投资人。

　　传统的天使投资人的特征被人总结为"3F"——family（家人）、friends（朋友）和 fools（傻瓜）。 一个创业者在没有机构投资人青睐的情况下，获得的第一笔资金通常来自家人；而朋友指对创业者知根知底，认可其为人、能力，并对其有一定的信任，所以愿意对创业者提供帮助的一些人，这些人很可能是创业者原来公司的同事或领导；而那些所谓的傻瓜，其实不是真的傻，只是这些人不太计较得失，他们对于投入资金的回报可能并不在意，愿意给予创业者帮助。

起初，创业者的资金主要来源于家庭。 随着社会财富积累到一定程度，扮演投资人角色的群体也开始扩大。

几年前，我的一个朋友 A 以"在国内机遇多，政府支持力度大，高科技企业有机会得到由政府提供的启动资金"为由把在美国工作的朋友 B "忽悠"回国创立公司。然而，朋友 B 并没能申请到政府提供的启动资金。 而后，朋友 A 资助了朋友 B 的创业公司，成为他的天使投资人。如今这个公司已经成功上市。 而为什么朋友 A 会投资朋友 B 的公司呢？ 原因有二：第一，A 觉得 B 是非常有能力的人，能够把这个公司办好。 第二，他在当时并不在乎投资的风险大小，也没有考虑投资后可能得到的利润多少，仅仅是出于支持朋友的心态而进行投资的。就像俞敏洪老师把徐小平老师从国外"忽悠"回来一样，那时可能大家都没有意识到创业是一件高风险的事。因此，往往有一些个人投资者并没有意识到天使投资的高风险，反而成就了相当不错的创业投资业绩。

天使投资作为一种投资形式，发源于美国。美国的天使投资是指具有一定财富的个人或机构，对初创企业进行的权益资本投资，以期将来分享企业高成长带来的资本增值。通常来说，天使投资是创业企业的第一轮投资。有人说：每一个伟大的公司背后都有一个伟大的"天使"。这句话在 50 年前可能不成立，但是在创新速度如此之快的今天，天使投资确实是公司创立发展的助推器。

在美国，天使投资助推了很多初创企业。在硅谷，整个创业的生态已经相当成熟。而实际上，正是由于包括天使投资在内的创业生态的成熟，才促使美国的高科技产业不断推陈出新，领先于全球。中国的天使投资相对于美国来讲，发展的速度更快。如今在中国，天使投资机构以及带有天使投资机构功能的孵化器，已经成为天使投资的主流。

创业者个个胸怀大志，期待着实现自己的梦想。但是，创业确实是"九死一生"的事，在竞争激烈的领域甚至可以说是"九十九死一生"。由于创业成功的概率不高，投资初创企业就存在着非常高的风险。你可能听说过某天使投资人在某个项目上获得了几百倍，甚至几千倍的回报，但真实的情况却是很多天使投资的项目血本无归，很多天使投资人并没有获得外界想象中的回报。

过去，很多优秀的人才都在体制内奋斗，但是随着社会的变化、发展，人们的思想观念也在不断地改变，不少人选择走上创业的道路。虽然不是所有的创业者都会成功，但在他们的奋斗、拼搏之下，中国的未来无疑将变得更加美好。从某种意义上来说：创业成就中国，天使投资成就创业，创业成就未来。

投资的风格

当我们意识到一个事物不仅仅有正面和负面两方面的影响，还受到三元因素的影响时，从某种程度来说我们的理解可能更接近事物的本质。 比如一个完美的投资目标需要三个条件要素：高增长，低估值，高确定性。 但是大多数投资最多只能满足两个要素，三个要素都符合的完美投资其实是不存在的。 就像我的风格是中低的增长，较低的估值，较高的确定性，客观来讲，这种风格其实是不太适合做早期投资的。 证券分析之父格雷厄姆的价值投资风格是低增长，低估值，高确定性。 巴菲特的风格是中高的增长，高确定性，合理的价格。 当我们准备做投资的时候，最好先了解自己的投资风格，这和一个人的性情是高度相关的。 想要学习他人的投资风格，就像是试图让自己去穿一双并不适合自己的鞋一样，哪怕勉强挤进去，一走起路来也是极其难受的，而且坚持不了多久。

可能有人会问：投资中的确定性是不是一个伪命题？

我并不这么认为，理由有三：

第一，对上帝来说任何事情都是确定的，因为他全知全能。

第二，对人类来说确定性应该是一个概率问题，因为用有限的智慧去预测一个开放的未来，只能是一个概率上的预测。

第三，确定性预测的准确率是可以提高的，比如我在渣打银行做房地产投资的同学预测房价走向的准确率肯定超过我。一个教育公司的创始人对某个教育公司的评价也会比外行的投资人更客观。当然投资人预测小公司是否能够成长为大的公司，应该比一般人更有说服力。而提高预测概率的过程就是一个学习的过程，没有学习，对确定性的判断就会偏颇。

早期投资与极早期投资

在做天使投资的过程中，我渐渐发现其实有两种非常不同的早期投资。一种我还是称其为早期投资，还有一类叫极早期投资。 我把仅仅基于行业本身而不考虑环境变化做出的判断称为极早期判断。 当创业者对具体行业正在发生的变化并不能够有确切的感知时,这种情况下的投资就属于极早期投资。

投资人在进行极早期投资时,完全基于创业者来做出投资与否的决定。 在这种情况下,即使创业者的背景和能力都很强,成功的概率也是很低的,因为投资人不知道未来会发生什么,对于创业者提供的产品和服务是否适应于用户的需求,投资人无法做出理性的判断。 而经验丰富的优秀的投资人可以在某种现象刚刚出现的时候就比较准确地做出判断;而一般的投资人只有在出现了不少现象的时候才能够做出类似的判断。 对于天使投资来说,大部分的投资项目应该都是早期投资而非极早期投资。 雷军的"不是熟人不投"的原则说明其主要是基于对创业者的本身做出判断而进行投资,所以雷军做的是极早期投资。 金沙江创业投资基金合伙人朱啸虎投资的项目绝大多数在投的时候其实就已经在快速发展了,只是大多数投资人还没有意识到种种现象背后的本质。 他的判断类似于在人类直立行走的时候就判断出人类会兴盛，而后续的投资人做出的判断更像是在人类发明语言之后才看出人类会统治地球一样。 显然后者做出判断的难度比前者小得多。 因为极早期投资的成功概率大大小于早期投资，所以此时一定要对价格非常敏感。 如误把极早期投资当作早期投资来投，成功的概率一定很低。

当然朱啸虎的很多投资对他来说是早期投资，但是对绝大多数其他投资人来说，因为他们还没有看到发生的变化，所以这个阶段的投资对他们来说就是极早期投资了。

天使投资的源起

天使投资分为两种： 一种是以个人为主体，一种是以机构为主体。 以个人为主体的天使投资一直存在，尤其是在美国。 而以机构为主体的天使投资是在近几年才涌现的。 任何一件事情的发生都需要一定的外部环境，从某种程度上来说都是时代的产物，天使投资也不例外。

为什么天使投资机构最近几年在中国涌现呢？

本质上，天使投资是一种风险投资，与典型风投相较而言其规模较小，我们可以来回溯下风险投资诞生的辉煌历史。

20 世纪 30 年代后期，美国出现了一些富有的特殊家族，这些家族积累了大量的财富，这些家族的掌管者出于财富管理的角度，将投资目标瞄准了新兴行业。一方面，已有的经验让他们知道，仅仅依靠自己的几个后代是无法迅速转行经营另一个大型机构的；另一方面，他们也明白进入一个竞争激烈的行业并站稳脚跟是非常困难的事。因此，这些家族的掌管者会以巨资聘请新兴行业中的精英为他们服务，一旦他们所投资或资助的企业走上正轨，他们就会控制这些企业。于是，一些怀揣创业梦想的企业家找到这些家族，向他们描述自己想法的美好前景，希望他们给予资金支持，只要这些家族的掌管者同意，企业家就可以得到所需要的资金。同时，与这些家族有关系的个人或组织，也会受这些家族的委托，寻找合适的投资项目和个人，这些个人或组织的工作为整个风险投资业的发展积累了不可缺少的经验和人才。 在这一阶段，风险投资的资金与投资人已见雏形。

直到1946年，惠特尼出资500万美元创立了美国第一家私人风险投资公司——惠特尼公司，专门从事风险投资活动，才开始了真正意义上的风险投资。 被称为"风险资本家教务长"的阿瑟·罗克则是风险投资行业的另一位先驱人物。 他创造性地确定了有限合伙人和一般合伙人的责任范围以及投资回报的分配规则。

在此之后，随着美国半导体行业的诞生，风险投资行业和半导体行业互相促进、相辅相成。 美国迎来了半导体行业的蓬勃发展期，而风险投资作为一种新兴的金融投资形式，也被社会所熟知。 几乎所有成功的半导体公司都获得了风险投资。 那些获得风险投资的公司和没有获得风险投资的公司有什么不同吗？ 实际上，在没有获得风险投资的半导体公司中不乏优秀出色的企业，但是半导体行业以创新速度为企业的生命力，缺少了风险投资资本驱动的半导体公司的创新速度比竞争对手慢，产品设计和生产的落后，直接导致它们的产品更新速度和价格大幅下降，逐渐从无利可图到无路可退，最终出局。 风险投资多适配于创新速度快的行业，这是一种创新产品和创新行业的彼此适应。

20 世纪 90 年代晚期，信息技术的进步，尤其是互联网的出现，给美国的风险投资业带来了勃勃生机。 互联网行业的创新速度大大超过了半导体行业。 半导体行业在引领人类社会发展几十年后，创新的速度逐渐下降。 国际上主流的风险投资机构已经不再对半导体行业做进一步的投资。 从此，美国的风险投资业进入迅速发展时期。 美国风险资金的投入从 1983 年的 40 亿美元增加到 1996 年的 300 亿美元，从而开始了风险投资的一个传奇历程，此间上市的互联网公司几乎都在早期得到了风险投资的青睐。 风险投资的发展和技术进步是紧密相随的。

我们把眼光放回国内。 中国的风险投资行业完全缺席了半导体行业发展时期。 但是随着改革开放和经济的发展，中国的风险投资也几乎是伴随着信息产业，尤其是互联网行业的创新而成长起来的。 但是总体来讲，中国互联网行业的创新还是略微落后于美国，于是就有了将创新技术 copy to China（复制到中国）的说法。

　　随着智能手机的出现和普及，中国的移动互联网发展终于与美国站到了同一条起跑线上，就创新竞争的激烈程度上讲，中国甚至超过了美国。 在中国，电脑经过了几十年才在城市中基本普及，而智能手机的普及只用了几年的时间。 一些市场估值达十亿美元、百亿美元的公司在短短几年内就成长起来了。 但是传统意义上的风险投资机构在这场移动互联网的盛宴中几乎默默无闻，登上历史舞台的是中国的天使投资机构。 为什么天使投资机构在此时崛起了？ 一方面，传统的风险投资作为一种金融投资形式已经跟不上移动互联网的创新速度；另一方面，由于信息科技的基础设施逐步完善，创新的成本大大降低，这对天使投资机构的要求也就有所降低。 天使投资机构的投资金额虽然不大，但是足以让从事移动互联网行业的创业公司做出产品、获得用户，并同时验证了当下的运营模式是否适应于公司的发展。 这对创业者和天使投资机构来说是互利双赢的选择。

创新速度加快和创新成本降低是中国天使投资机构在 2012 年前后开始涌现的原因。 这一次，创新速度的加快使得将国外技术 copy to China 的公司根本没有机会出现。 BAT（百度、阿里巴巴、腾讯）在孵化自己产品的时候，虽然仍然有一定的优势，但是已经无法阻止小型创业公司的崛起，于是移动互联网界有了众多的并购机会。

2014 年后，更多的机构和个人看到了天使投资的巨大机会，开始涌入这个市场。 可惜这场自 2011 年开始的盛宴已经临近尾声，相当多的天使投资案例都以失败告终，整个移动互联网行业的创新速度慢了下来，而一些发展比较好的移动互联网公司已经有了一定的规模。

凡是过去，皆为序章

回顾过去，2012 年刚开始做天使投资时所认识的一些投资人，现在绝大多数都换了行业。 这个行业的门槛貌似很低，而不少在2014—2015年天使投资热潮中涌入这个行业的投资人都没有意识到： 能在这个行业里生存下来着实不易。

天使投资像极了打麻将，只要口袋里有一点儿钱就可以坐上牌桌，可是能够长期靠打麻将赢钱赚取生活费的人并不多。 一些赌性很重的天使投资人往往下注过猛，一旦失败，就会失去翻盘的机会。 在2014—2015年天使投资狂潮涌动的时候，身处其中的投资人感到恐惧，感到战战兢兢。

在这个市场里，大多数的钱被少数几个人给赚走了。 有些天使投资人投资的公司都融资了好几轮，账面上的收益已经相当可观，但是这些账面的浮盈却很难变现退出，天使投资人的股份在公司没有上市或并购退出的时候，想要变现的难度极大。 我见过将账面金额二折、三折变现的投资人，听说也有一折退出的。 看看2017年新闻公布的经纬创投、创新工场等国内一线天使投资机构的退出比例就可以知道：人在麻将桌上赚了钱但是不熬到天亮是真的走不掉啊！ 天使投资并没有美好到可以躺着赚钱的地步。

2016 年给我留下的最深刻的印象是：大家终于意识到了"小赌怡情，大赌伤身"的道理。在众多天使投资人"伤身"之后，2014—2015 年的资本狂潮退却了，退却得如此快速，仿佛背后有一个指挥官发出了"向后转！齐步走！"的命令。总体上，对于大多数的天使投资基金来说，2016 年投后管理的工作量剧增，融资困难，新的投资热点不多，投资方向很不明朗。

莎士比亚说："凡是过去，皆为序章。"

2017 年，我曾和带我入门天使投资的原子创投的冯一名碰面聊了聊。冯一名告诉我，2017 年他投的案子不多，比往年少了不少。投与不投，这真的是个难题。投，有可能投得一塌糊涂，因为移动互联网时代背景下的一大波投资机会已经过去；不投，可能错过很多机会，尤其是在项目竞争并不激烈的情况下，即使是那些看起来很有潜力的项目，估值也不高。我知道，有些天使投资人在 2016 年一整年没有投一个案子。这倒不是说这些天使投资人休息了，他们其实还是在看项目，只是投资的标准提高了，毕竟移动互联网的流量红利期已经过去，获取用户的成本大大地提高了，用户对于新的应用场景普遍有些疲乏。

我自己的看法是：在如此艰难的时候，一般的创业者由于资本寒冬的洗礼已经退出了市场，留在这个市场的创业者要么是对创业困难的陡然增加感知迟钝，要么是虽然已经知道面对的困难比以往都要大，但仍然义无反顾地选择创业。把这两类创业者分开的难度比前两年要相对容易一些。一方面，投资人在继续投资；另一方面，严酷的市场环境也让投资人对早期投资的判断更慎重。在天使投资的市场里，风险和机会都显而易见。这个时候对账上有钱的天使投资基金是有利的，它们可以选择在估值的低谷期继续投案子，也可以选择等待资本寒冬期过后，在资本市场环境更好的情况下进行投资。同时，无论投或是不投，投资人在将来都必须为今天的决定负责。

对于天使投资人来说，在市场乐观的时候，风险更多地代表着机会，机会意味着爆发，而爆发是投资人眼光好的最佳证明，这时候天使投资人的热情也会多一些。 但是在市场环境不好的情况下，风险则更多地代表着困难，困难意味着失败，失败带来的亏损将打击天使投资人的自信，甚至摧毁天使投资人的投资逻辑。 成熟的天使投资人会在他们的投资体系中制定允许风险的规则。 单个项目上的亏损是总体交易系统的必然成本，如果天使投资人刻意规避风险，这貌似完美的执行策略会让其失去从早期投资市场上获取最大利润的机会，投资在某种程度上是反人性的游戏。

中国人做投资的难处

天使投资旨在在未来可预见的时期内获得收益，通俗地说需要投资人对未来进行推测。 那么，中国人做天使投资会有哪些困难呢？

在商学院读书时，我不理解那些外国同学在讨论一个商业案例的过程中，为什么那么笃定地认为事情应该是怎样的，他们的方向和结论在我看来都过于片面。 受辩证唯物主义思想影响，中国学生通常可以更加全面地看待事物，但也因为民族文化的熏陶，中国人多喜欢"中庸之道"。 可是作为投资人，你要么投资，要么不投资，是没有中间路线可以选择的。 对于创业项目，投资人必须在相对短的时间内做出判断。 这给很多中国人造成了困扰。

中国人很适合做投资分析师。 我在商学院读书时曾发现一个现象：外国学生可以从中国学生身上得到一些信息和建议，从而更深入地规划、制定自己的决策。 中国学生的 SWOT 分析①非常到位，可就是不容易说服自己到底哪个方案最好，更何况去说服别人了。 在全面理解一个创业项目上，我们的能力是不弱的。 但是，在判断上，我们常常会比较模糊，不那么笃定。 所以，要想做一个好的投资人就要勇于判断。 勇于判断是提高自己判断力的唯一途径。 如果我们在投资过程中只做分析，而不做判断，那的确不会犯错误，但不犯错误也就意味着不会有大的进步。

①　Strengths，Weaknesses，Opportunities，Threats，简称 SWOT，即态势分析法，又叫优劣势分析法。

另外一个难处在于，一旦中国人做出了判断，投资了某个创业项目，就很容易带着主观因素去看待它。我就存在这样的问题。我曾经在投资了一家创业企业后，偶然间遇见了这家创业企业的竞争对手，经过了解后理智告诉我这个竞争对手是一个更优秀的创业者，可是我主观上仍无法承认这一点。就像父母总是觉得自己的孩子比别人家的孩子更加聪明可爱。然而残酷的现实是我投资的这家创业企业已经停止了业务，而它的竞争对手却已经做到了一定的规模。只要我投资的公司还没有倒下，我就会觉得它很优秀，主观上对可能更优秀的竞争对手视而不见。童话小说《小王子》里有这样一段话：

狐狸说：对我来说，你只是一个小男孩，就像其他成千上万个小男孩一样，没有什么两样。我不需要你，你也不需要我。对你来说，我也只是一只狐狸，和其他成千上万的狐狸没有什么不同。但是，如果你驯养了我，我们就会彼此需要。对我来说，你就是我的世界里独一无二的了；我对你来说，也是你的世界里的唯一了。

这一段话非常温情，很打动人。 可是投资人往往会因为这个"唯一性"而失去自己的判断力。

所以，投资人在投资时，需要用更加科学的方法来思考。 所谓科学的方法就是可以验证对错。 当我们面对自己投资的创业者时，喜欢这个创始人是一件事情，而判断项目的好坏则是另一件事情。

投资人在投资时，往往会按照个人的商业逻辑进行推演，然而创业项目的发展往往与推演结果不同，甚至相反。

这是为什么呢？

因为事情的发展会受到外界诸多因素的影响，而不是像在计算机上输入几个变量，经过一系列计算，就能得出一个确定无疑的结果那般简单。 投资人的商业逻辑是正确的，但是从复杂的商业环境抽提出来的边界条件有可能是错误的。 而这个边界条件在投资人投资之前往往无法得知。 比如说需求，这个需求是刚需还是伪需求，是过去的需求还是未来的需求，即使没有数据也必须判断。 我有时候会问创业者："你觉得购买转化率达到多少可以证明这个需求是刚需？"如果创业者告诉我有 5％ 的购买转化率就是刚需，那么这就成为我验证投资项目发展情况的依据。 如果项目做了三个月，产品出来了，购买转化率是 3％，那就意味着项目的发展还在可控范围内。 但如果购买转化率是 0.5％，那就说明项目出现了问题。 假设创业项目的产品本身没有问题，那么我就必须做出判断： 这不是刚需。 而且必须停下来找找原因。 柳传志在联想公司实践复盘文化的本质就是事情做完后进行一个学习总结。 可是对于创业者和投资人来说，必须在创业或投资进行到一定阶段时就进行复盘(总结回顾)。 勇敢承认问题，不要采取鸵鸟政策，对错误的判断视而不见。 通常在采取了这种以数据为导向的科学方法后，投资人能够更早地发现问题、解决问题，从而降低项目失败的概率。 这种方法也能够帮助投资人发现很多机会，从而注入更多的资源，大大提高投资项目成功的可能性。

我在这里提到的方法能够帮助投资人检验投资项目所提交数据的真伪、项目本身质量的好坏，但它并不像 PE

(Private Eguity，私募股权投资)机构那样需要财务数据。因为在创业早期，你根本没有那么多详细、准确的数据。比如，我们可以通过销售的业绩去判断对方的业务能力，能够为公司赢得15万元订单的销售员的业务能力比只能给公司赢得5万元订单的销售员强。 而处于运行过程中的互联网公司有很多这样的数字可以给投资人及时、有效的反馈，如获客成本、留存率、活跃度等。 如果投资人对这些能够反馈边界条件假设是否成立的数字视若无睹，一方面他所投资的项目的成功概率会降低；另一方面，等同于他放弃了对商业环境中边界条件影响的预估，这会影响投资人未来对投资项目的判断力。

对投资规模的调整

当 Pre-A 轮的融资成为一个普遍的现象时，大多数人面对的情形是： 产品还不够好，运营的数据还有欠缺，MVP(Minimum Viable Product，最小可执行产品)没有跑通还需要微调，投资人对项目的认可度没有那么高，再加上资本市场让人不太乐观，创业者的心理对直接融 A 轮也没有信心，于是退而求其次选择 Pre-A 轮融资。 2015 年以前，Pre-A 轮的融资几乎等同于项目发展不如预期。 但是在 2016 年，Pre-A 轮的融资却几乎相当于往年的 A 轮融资，取得 Pre-A 轮融资的公司在对外宣传上已经颇有面子，该时期公司的质量也与往年拿到 A 轮的公司质量区别不大。 不少的天使投资机构看到了这个机会，以比较合理的估值投了不少相当不错的创业公司。 比如我们基金曾投资过壁虎车险，当时该公司的产品还需要一笔钱的投入来完善，但是市场已经可以看到相当不错的反馈。 在被投资后，经过不到一年的发展，壁虎车险一个月的 GMV(Gross Merchandise Volume，成交总额)已经超过 20 亿元人民币，发展态势良好，甚至可以用"狂奔"来形容。

到 2016 年年底，公司在高速扩张的情况下仍然可以做到赢利。 投资 Pre-A 轮对一些策略比较灵活的早期天使投资机构来说是策略的调整，投资人已经看到很好的成果。 有一些比较喜欢合投的天使投资机构很容易在不违反基金单个案子投资上限的情况下凑足 Pre-A 轮投资所需的资金额度，这样的转变也明显降低了投资的风险。

2011 年成立后一战成名的阿米巴基金，一期有 1.5 亿元人民币的规模，共投了 35 个项目，平均账面回报倍数为 20 多倍。 其中快的打车当时账面回报倍数达到 600 多倍，还有 7 个项目平均回报在 25 倍以上。 二期为 8 亿元人民币的基金规模，开始从一期的 2C 项目，转为更关注 2B 项目。 不得不佩服阿米巴对投资规模的调整能力。 当然，只有那些给之前的基金投资人带来优秀回报的基金管理人，才有可能实现这样的华丽转型。 毕竟，如果天使基金做到了一定规模，做纯天使已经无法有效地将手里的钱投出去。 越是优秀的天使投资机构，其募集资金的能力也越强，也越有可能转型后移成为一个标准的风险投资机构。

当然，市场里特别有情怀的徐小平老师和李竹老师(中国青年天使会会长)还是非常专注于天使阶段的投资。 天使投资基金转型的一个驱动因素来自基金规模的扩大，另一个客观现实是移动互联网这一波大的流量红利期结束，导致天使期项目数目的直接下降。 随着基金规模的扩大，整个投资阶段需要主动后移，而随着移动互联网红利期的结束，投资人迫于环境影响而不得不调整投资阶段进程。

过去几年，天使投资基金的红利主要来自移动互联网的红利。 今天移动互联网流量红利的结束也同样预示了天使投资红利时代的结束。 在没有新的增长点出现的情况下，天使投资机构面临着巨大的挑战。 我预测，在 2011 年到 2012 年成立的早期成功天使机构会有很大比例在未来不能够复制自己过去的成功。 促成成功的市场环境已经不在，天使投资机构的自我调整成为必然。

第二章　投资人的基本素养及养成

要想做好早期投资，投资人得具有一定的素养。 这些素养可以通过学习、锻炼，不断地提高。

放飞你的想象力

在我看来，在早期投资中投资人最需要具备的能力是想象力。 因为早期的项目存在着很多的不确定性，这些不确定性意味着项目的成功概率很低。 如果一个项目没有想象的空间，就不值得投资。但是投资人如果没有想象力去设想项目的发展空间，那么投资的回报在预期上就无法与风险相匹配。一位优秀的投资人曾在几年前投资了"大疆无人机"。我问他当初做出投资决策的原因。他告诉我，他已经可以预见当时广阔的天空在未来将被满天的飞行器覆盖。如果未来真是这样一个场景，"大疆无人机"作为在该领域中的领跑者将前途无量，而他在当时投入的资金想必也将获得不菲的收益。他还为投资"大疆无人机"发明了一个词语——"天空经济"。

爱因斯坦说过：逻辑会带你从 A 点到达 B 点，想象力将把你带到任何地方。

这句话不仅对科学探索领域适用，对早期的投资也非常适用。

当我们回顾过去的 30 年，几乎没有人能想到深圳会从一个小渔村变成一个国际大都市，没有人能想到中国人会从一贫如洗、以票据换购物品的落后状态进入如今的个性化消费时代。

这一切的变化都太快了。

在过去的 30 年中，世界发生了很大的变化，人们的物质生活得到了极大的丰富，民众的观念也随之发生了巨大的变化。 而在未来，世界发展变化的速度会更快，相信在未来的 5 年到 10 年间，我们会看到世界发生更加令人瞠目结舌的变化。 巨大的变化中孕育着诸多的创业机会和投资机会，而只有有想象力的投资人才可以预见到。

保持独立的思考能力

每一个成功的投资人在项目成功之前都会面对很多的不确定性因素，这些因素是否会决定项目的成败，没有人知道，但是只有对创业项目真正进行过独立思考的投资人，才有信心打破不确定性障碍，去进行投资。

在外人来看，这种信心会让很多人心生困惑： 你为什么相信这个创业者能够做成这件事情？ 你为什么相信这个市场会有机会孕育出一个伟大的公司？

这种不能被外人理解的信心来源于投资人的独立思考

能力。 投资人会根据个人逻辑，针对市场情况进行独立思考，对项目做出最终的判断。 即使市场情况发生变化，这些能够保持独立思考的投资人对于这些变化也有着比一般投资人更加敏锐的感知能力。 如果一个投资人对于项目本身没有独立的思考和判断，就很容易陷入人云亦云的恐慌之中。 毕竟一个项目从创始之初到最终的成功，要经历很多的关卡和磨难。 真正好的创业者和投资人，关注的都是创业项目的本质是否接近自己的评判标准，而非金钱本身。 投资人会因为创业项目有着非常严谨的商业逻辑、拥有优秀的创始团队而决定进行投资，不会过多地计较项目成功将给他们带来的财富。

通过独立的思考判断，投资人会更有魄力。 一旦投资人想清楚了创业项目的逻辑，相信创业团队的质量，就不会惧怕市场上的其他竞争对手。 与相同市场上的巨头竞争，与那些知名投资机构投资的项目竞争，对于创业者来说是很大的挑战，他们必须绝对清醒地意识到自己的竞争优势和所要面对的艰难处境。 早期的投资人也一样，他们需要有像创始人对创业项目一样的认识。 只有在这样的情况之下，投资人才可能有魄力进行高风险的早期投资，坚定地站在这一阶段处于市场边缘的创业者的一边。 只有这样，才能在企业发展遭遇挫折、波动时有足够的耐心继续坚守，也才能相信自己投资的创业团队有能力与其他竞争对手进行博弈。

时刻谨怀谦逊

一个成功的投资人必须要具备谦逊这一品质。 投资人不应该沉迷于原有的成就和成功的案例，那会降低投资人对最新资讯的洞察能力。 创业的市场是面向未来的市场，市场上的讯息瞬息万变。 如果投资人因为骄傲丧失了对市场的敏感度，这将是十分致命的弊端。

真正好的投资人必须做到敏而好学，有的时候甚至要做到不耻下问，因为只有从最基本的问题里才能找到最接近于事实的真相，如果不敢问最简单的问题，不敢问所谓愚蠢的问题，那么通常我们离真理也就越来越远了。 我见过一位曾经非常优秀的投资人，他在投了不少成功案例之后反而丧失了对项目的敏感度，因为他已经不再问创业者那些最基本的问题，而是"躺"在自己旧有的认知基础上做判断。 对市场不敬畏，对投资不敬畏，就想拥有对行业、项目的洞察力，这是不可能的。

　　失去了谦虚和敬畏，就失去了学习和改变的动力。 很多人都知道自己需要改变，但是大多数情况下并没有拿出行动。 也有一些人意识不到自己需要改变，然后在投资的过程中吃了大亏。 因为整个市场正在经历着革新变化，最前沿的项目都是针对未来的创业项目。 如果投资人没有能力改变自己对事物的看法，就有可能错过一波又一波创新的投资机会。 在美国的投资历史上，有这么一个说法： 每一波新的创业机会都会消灭一大部分过去成功的投资人，也会成就一批新的投资人。 市场上大多数投资人连续多年投资成功的概率是很低的，这也是无法否认的可悲现实。但是在投资界确实还存在着一些常青树，他们连续多年都取得了相当不错的投资业绩，比如 KPCB 公司①的约翰·杜尔，他曾投资了 Sun、谷歌、亚马逊、网景、赛门铁克、康柏，以及 Twitter(推特)等一众优秀的创业公司。

学会自律

投资人需要兼具的素质还有自律。 每个投资人都不是万能的，不同投资阶段、不同投资金额以及不同行业的投资项目需要的投资能力、判断力都是不同的。 投资人需要对自身的能力有一定的认识，了解自身的优势，在投资不熟悉、不擅长的行业项目时，要想清楚为什么要在抛弃自身优势去开辟新领域的情况下进行投资，否则投了也不知道成功或失败的原因。

但是自律说起来容易，做起来难，因为市场上的热点总在变化，不拓展自己的优势领域，很容易就会被时代所抛弃。 通常来说，那些因为怕错过市场热点而仓促进行的

———————————

① 成立于 1972 年,是美国最大的风险基金公司。

投资往往可能失败，而那些经过充分的思考分析，并在还没有形成热点的领域进行投资的成功概率会大一些。 有些做早期投资非常出色的投资人由于管理的基金规模扩大，会把投资的时间段往后移，结果导致投资的业绩出现了很大的下滑。 也有一些原来做 Pre-IPO 阶段的投资人转型做早期投资，结果投资的业绩惨不忍睹。

如果投资人对行业和投资阶段有着较为深刻的理解，成功的概率就会比较高。 但是如果因为发现了片面的利益，而选择在不熟悉的行业进行投资，就很有可能会失败。 他人在某一行业内的投资成功，有时会引诱我们跌入陷阱。 只有那些对自己的投资风格、投资能力以及自己所熟悉的行业有清醒的自我认知的投资人，才更有可能获得长期成功。

在自律情况下进行的投资项目通常能够提高自身对行业、项目的理解，锻炼自己的投资能力、市场洞察力，这些经验的积累将会成为成功道路上的一大助力。

勇于自省

天使投资充满了风险，我们应该善于自省，并在发现错误时勇于面对。承认自己是错的，这一点也不丢人，面子是在早期投资中最不需要顾及的东西。如果顾及面子，就无法面对投资中的失败，而在投资中失败是一件非常正常且经常发生的事。一旦证明投资的方向和投资的项目是错误的，投资人应该尽快放弃原定计划，不再犯同样的错误，确保资金和实力，为更有希望的项目而努力，而不要为了脸面问题而挣扎，在极有可能是错误的道路上投入过多的资金。从错误、失败中汲取的经验能够修正我们的认知，同时也能提升自身能力。面对错误时我们需要明白，及时止损才是最为重要的。

当然，投资特别是早期投资是一个风险很高的行业，投资项目的成功概率本来就不高，所以，投资人必须一方面注意细节，及时矫正错误，另外一方面又需要摆正心态，把输赢看成兵家常事，不需要太在意过去阶段性的失败。 只要从失败的案例中有所学习、有所积累，就有可能在将来取得更大的成功。 其实，我们在一些项目上的失败投资，能够大大加深我们对某些行业的理解，不要让这些失败的案例摧毁我们的自尊心、自信心。 投资人只有保持稳定、积极的情绪，对自己的判断有充分的自信，才可能重新踏上成功之路。 简言之，就是胜不骄、败不馁。

在早期投资的过程中，我们不能被投资成功冲昏头脑，也不能因投资失败而动摇自己的投资理念。 影响投资的外界因素有很多，有时候可能只是运气不好，导致了一个项目的失败。 一个成功的投资人往往需要经历反复的实践磨炼。 投资人如果有一定的感知能力，即抛开自己的得失来看待事情本身对错的能力，就能做出更为客观的判断与决定。 在早期投资的市场上和一些投资界的"大佬"一起，或者是跟一些知名的投资机构一起合作项目，并不能保证投资决策的正确性，只是心理上感觉比较踏实而已，这就像晚上走夜路的时候，有一个很强壮的伙伴在身边，自己的心里会踏实一些。 会不会遭遇歹徒呢？ 其实谁也不知道。 如果遇见了，强壮的伙伴能够帮助你吗？ 其实我们也无法断言。

第三章 早期投资阶段的特殊之处

当一个创业企业还没有被早期投资机构投资时，投资机构的投资人看这个创业企业虽然会有些片面、模糊，但大体上还是客观理性的。 而当投资的倾向性比较明显时，投资人就开始选择性地忽略创业企业即将面临的风险。 很多非常棒的早期投资人都会面临这样的状况。 早期的创业企业确实不完美，如果没有办法选择性地忽略那些劣势，很难让投资人下定决心。 那些看起来所谓完美的早期创业企业，发展规划实施起来实际上都是不现实的，几乎都是不能够投资的案子。 因为创业本身就需要面临巨大的不确定性，这种巨大的不确定性在一定程度上等同于机会本身。 一个完美的创业项目意味着不确定性的消除，而不确定性的消除意味着机会本身的失去。 因此，早期投资本质上注定了这只能是"赌博"，是博概率的"游戏"。

概率游戏

为什么有那么多人喜欢赌博呢？ 这和大脑的两个机制有着密不可分的关系。

首先，当我们的大脑判断将有令人愉快的事情发生时，它会立刻开始分泌多巴胺，而不是等到事情发生时才开始分泌。

其次，在赌博的活动中，"差一点就要赢了"也会引起多巴胺的分泌，程度只比"赢"稍差而已。 多巴胺是人类快乐情绪的源泉。 而为什么那些在股票市场做短线交易的股民，即使没有赚到钱也乐此不疲呢？ 就是因为股民头脑中接收到的讯息永远是"差一点就赚到了"和"赚到了"，这样的情况下股民怎么会愿意撤离呢？

赌博会激发多巴胺的分泌，所以许多人沉迷于赌博产生的愉悦感，并对其着迷。比起确定的收益，我们的大脑更喜欢不确定的收益。假设早期的天使投资人在进行创业投资的时候，他的胜算是 100%，一期基金投 30 个案子，每个案子都可以带来 50% 的回报。作为早期投资人肯定非常愿意这样投资，因为每个案子都有 50% 的确定的回报。当我们假设，一个基金还是可以投 30 个案子，但是有的案子可以获得 100% 的确定回报，有的案子只能将本金拿回来，这样的分布会使投资人的成就感、愉悦感更强。因为第一种情况没有悬念，而在第二种充满不确定因素的情况下，投资人获得的快乐收益几乎比每个案子都获得 100% 的固定收益还要大。因为当早期投资人开始投资项目的时候，就会开始预期自己有可能获得收益。而如果每一个案子都有固定收益，投资人会觉得这是一个有收益但是无聊的游戏，这就是为什么有些 LP(Limited Partner，有限合伙人)并不愿意躺着赚钱，而愿意参与基金的管理。当"不确定性"被引入后，早期投资人除了会因得到回报产生愉悦感，还会因自己正确的投资决定产生成就感。

现在来看第三种情况，我们预设投资结果还是有一半的案子拿回本金，另外一半的案子获得 100％的回报，但是早期投资人可以深度参与公司的决策和运营。大多数投资人会更偏向于这类情况。为什么他们愿意选择这类投资形式呢？因为当早期投资人深度参与创业企业的时候，有一种自己能掌握创业企业结果的感觉。当早期投资人参与到创业公司的运作中时，他们会因为自己的参与而产生满足感。如果自己深度参与的创业企业获得了丰厚的回报，他们会因此产生成就感。这二者所产生的愉悦感都比单一地注入资金而后获得回报所产生的愉悦感强烈许多。

这是为什么呢？有一种来自演化心理学的解释说，不确定的奖励之所以格外诱人，是因为它能在关键时刻帮助人做出决定。人们要敢于冒险才能获得更大的收益，而冒险就意味着不确定。

这种冒险精神对早期投资人非常重要。当一个赛道热点过去，早期投资人不知道要投资什么的时候，他面临两个选择：第一个选择是在老的赛道继续寻找企业进行投资。但是因为赛道已经被市场上其他投资机构"扫"过一遍，能够找到的机会不多，即使找到了，投资的收益也不高。第二个选择是努力寻找将要浮现出来的赛道。但是因为赛道还没有浮现出来，投资的风险更大，早期投资人对于新领域的熟悉程度也不高。如果不是因为新赛道可能会带来超额回报的预期，早期投资人就不会有动力去寻找、开辟新的赛道。有了超额回报的预期，早期投资人就在情感上产生了愉悦感。如果在新赛道的投资成功了，早期投资人就能够获得巨大的奖赏；如果在新赛道投资的公司离成功很近但最终没有成功，早期投资人虽有遗憾，却在情感上依旧能够产生不小的愉悦感。

人类之所以喜欢冒险，是因为冒险可以让我们探索多样的世界，让我们能够更好地生存和繁衍。这种冒险精神令投资人在投资早期乐于承担风险，敢于尝试，这从另一个角度来说也不断加速了人类创新的步伐。

早期投资人对创业企业的预期往往都比较乐观。 这也导致了早期投资人在做出投资决策后，很难快速发现创业企业存在的问题。 徐小平老师曾说过，他看到映客已经在直播领域领跑时，仍然对自己投资的还未进入市场的直播创业项目感到乐观。 这并非徐小平老师对案子的判断能力下降了，只不过是多巴胺分泌后的乐观情绪影响了他洞察市场的敏感度。

预期与梦境

早期投资人和创业者最初看到的投资项目就像是远处的山川美景，景色迷人却距离遥远。 而创业者作为亲身参与企业发展的领导者，在接触到市场的困难、阻碍之后，便会发现最初的山川美景已变作沼泽、沟壑。 但投资人要随着时间的推移才会渐渐认清事情的真相。 就如我们眺望远方，前方一片朦胧，细节部分无从辨别，但我们总是倾向于将其想象为美好的风景。 早期投资人对创业企业的美好的想象经过一段很长时间才会归于现实。 由于早期投资人的过分乐观，创业者一般无法从他们那里得到建议和帮助。 另一方面，早期投资人一旦投资，便会对被投资的创业企业产生很多期待。 早期投资人很少会考虑到创业者的疲倦和痛苦，也很少会考虑到创业者和自己在获取信息方面的差异，以及自己对创业企业的愿景和实现愿景的过程与创业者之间的差别。 这个差别在开始阶段或许不大，但是随着创业企业的发展，两者的分歧可能会越来越大。 早期投资人不能将自己关于创业企业的认知与期望完全强加于创业企业身上，就如同父母不能将自己关于人生的认识与对孩子的期望强加到孩子身上。 这种强加行为往往带来的是灾难而非幸福的果实。 父母的强加行为会让孩子失去对未来的渴望，天使投资人的强加行为会让创业者失去对未来的激情。 一个非常听话的孩子的创造力会受到抑制，一个对早期投资人的意见过分尊重的创业者则会渐渐失去自己的思考力。

早期投资人对于未来创业企业的想象更多地来自于以往的案例，这些案例或是他参与过的，或是他听说过的，又或是他看到的报道，投资人会套用过去相似的案例来推测当下需要决策的项目，诸如高频应用、刚需项目等。 早期投资人就是通过这些方法来想象、预期创业企业的未来的。

当然，这种想象只是对未来的一个简单预测，此外还有一种更为具体、复杂的推测模式。 比如投资人过去投资的一个项目是小商铺进销存管理的高频应用场景项目，另外一个是电商渠道整合的刚需项目，两个都获得了成功，现在投资人看到一个项目既是高频的又是刚需的，于是便开始想象这个创业项目的前景。 确切来说，这些想象需要在投资人自身投资概念形成的基础上才能进行，如果一个早期投资人没有高频和刚需的概念，那么即使真的面对一个既高频又刚需的创业项目，他也会视而不见。

我们把睡眠时头脑的活动称为梦。 这和现实中的想象一样，都是以往全部经历的再组合。 有时我能够清晰地记得——在梦中我可以撰写出很流畅的诗歌，可是在现实的世界里我根本没有这样的文采；在梦中我可以讲很搞笑的笑话逗得众人哈哈大笑，但是身边的朋友都知道我其实是一个非常沉闷无趣的人。我相信，由于没有外界的烦扰，我们的思维在梦中可能会比我们清醒时更为清晰敏捷。但是，在梦中我们不像在清醒时那样能够有意识地形成连贯的思维，在清醒时我们会意识到梦中有些地方过于荒谬，不过身处于梦境时，我们永远不会意识到这些。早期投资人更多时候就像是在现实中做梦，在现实中梦见未来。

早期投资人往往会梦想一些商业元素和概念在一个创业企业里发生碰撞，然后产生美好的结果。但是就如睡梦中对事情发生的边界和情境缺少合理的限定一样，他们对于创业企业将会遇到的产业环境和竞争压力都无法做出完美的预测。在回望创业企业的发展历程时，早期投资人可能可以总结出更加系统连贯的投资思路，但是回到当下，早期投资人对于创业企业的判断就又回到了梦想当中。

不过，套用那句流行的话：

"梦想总是要有的，万一实现了呢？"

第二篇

天使投资的逻辑与规律

第四章　天使投资的逻辑

天使投资旨在在未来可预见的时期内获得收益，通俗地说需要投资人对未来进行推测。所谓的推测未来就是对未发生的事情进行有逻辑的预测，而没有逻辑的预测投资就称不上是成功的投资。

那么，投资的逻辑来自哪里呢？

在评判创业企业时，创始人是否接受过高等教育、是否具有相关的工作经验，甚至是颜值都可以被认为是创业成功的关键。我们观察了很多成功的企业和创业者，可以得到很多看上去合乎逻辑的解读，也因此总结出各种不同的"创业军规""创业陷阱"。 这些策略、方法、经验总结都很有道理，然而我们并不能凭借这些就寻找到近乎完美的企业和创业者，因为它们并不存在。

找来找去，我认为还是要从商业逻辑上来解释过去、预测未来。 创业实践的复杂性一旦回归基本的商业逻辑，条理和思路就会变得简单清晰。 即使未来的前景迷雾重重，商业逻辑仍然给我们提供了一个可以梳理的框架。 我们可以依据这个框架清楚地知道，未来商业的成功与否取决于某些条件是否成熟，一旦这些条件成熟，某些商业模型必将涌现。

商业的逻辑和基于道德的判断是完全不同的。 有些创业者会说： 我这个项目对社会非常有益，对弱势群体的帮助很大。 可惜，创业者不是做公益，好的投资人也不能够以道德上的喜好来决定投资，除非这是一个公益性质的基金或是个人的天使投资行为。

这些年来，无数的人试图总结一些互联网公司的成功经验。可惜，这些他们从没有得到太多验证的商业模式上总结出的逻辑规律并不能指导人们推测投资市场上未来要发生的事情。什么样的商业案例算是成功？比如很多年前我就看过不少人对香港作为一个国际化大都市的成功之处进行的总结，现在可能又是同样的一群人对香港的不足进行总结。当然，今天香港的外部环境已经有了变化，香港的对手也更加成熟更有竞争力。而我们也看到过好多对于类似"超级课程表"App这样还未成功的所谓成功案例进行的总结。如果预测的未来的商业逻辑是从这些并没有经受过市场长期考验的商业案例中得出的，那预测的根基未免构建得过于草率。

那该如何学习逻辑？一个捷径是向那些已经获得成功的投资人学习，学习他们对商业逻辑的梳理和判断。在投资上我建议选择学习一些阅历丰富的资深投资人，因为那些"新生代网红"投资人虽然被媒体热捧，但他们总结的商业逻辑可能无法经受住时间的考验，站不稳脚跟。

在这里，需要强调的是，大多数投资人应该在商业逻辑是否合理上下大功夫。 拥有成功经验的投资人，可以给其投资的创业者提供可具体执行的商业建议，而那些缺乏经验的投资人则应该更为注重自身对商业模式的判断能力，将具体的执行交给创业者自行摸索。 简单地说，投资人光是对商业模式进行准确判断就已很不容易，创业者对具体应该怎么办必须有自己的主张，投资人可以适当地给以建议、帮助，而不能全面插手。 如果投资人过多陷入"怎么做"，一方面会极大地影响自己的效率，另一方面会给创业者的决策执行造成困扰，降低项目成功的概率。

想要梳理清晰商业逻辑并不容易，而只有商业逻辑清晰了，投资人才可能在比较短的时间内进行判断，否则可能会一头雾水。 当然，这种情况对投资人来说时常出现。为应对这种情况，投资人需要努力的方向有两个： 一是将自己的商业逻辑梳理得更加清晰通透，二是不断了解商业环境。

很多商业模式因为商业边界环境的不同，成功的可能性也大不相同。随着投资工作经验的积累，我们将会对这些影响商业模式成功的边界条件变得更加敏感，与此同时我们预测的准确性也将大大提升。我们所处的时代决定了商业环境的变化速度非常快，商业环境的变化使得商业的边界条件发生改变，即使在相同的商业逻辑的推导下，边界条件的改变也会极大地影响商业模式的成功与否。

举个例子：武汉的服装批发商将衣服批发给黄冈的零售商在以前是很好的模式，但是随着武广高铁的开通，很多黄冈的零售商就绕过武汉直接去广州拿货了。因此，一些成功的投资人有时候会突然丧失判断力，这不是因为他们的商业逻辑出了问题，而是因为他们对环境和边界条件的变化失去了敏感度。对环境变化保持敏感的方法无他，就是要深入细节地观察询问，不断与各行各业的人进行交流。一个投资人一旦习惯了出差坐头等舱、住五星级酒店，就会对那些以中产阶级为目标人群的消费项目失去敏感度。

归因与涌现

科学研究的方法分为两种： 归因与涌现。 归因的方法是把事物拆分后通过推导，得出因果关系和规律。 这个方法在大多数的自然学科中取得了巨大的成功。 而涌现理论近年来才慢慢被大家所知道，涌现理论的主要奠基人约翰·霍兰在《涌现： 从混沌到有序》一书中这样描述"涌现"现象，"在复杂的自适应系统中，'涌现'现象俯拾皆是： 蚂蚁社群、神经网络、免疫系统、互联网乃至世界经济等。 但凡一个系统的整体行为远比构成它的部分复杂，皆可称为'涌现'"。 通常说来，"涌现"指一个系统中个体间的简单互动行为所造就的无法预知的复杂样态的现象。

对早期创业和早期投资来说，归因的方法面临巨大的挑战，实际的应用效果并不好。 即使在相对成熟的二级市场，在 2005—2015 年这 10 年间，扣掉管理费和销售佣金之后，美国 25000 个互惠基金（mutual fund）里面，只有约 45

个基金的年均回报率超过 7.5％。 而同期大盘标准普尔指数基金(S＆P 500)包含分红的年均回报率是7.5％。 这个数据的样本可能会有一些偏差，但是还是可以反映出投资人想要战胜市场是多么的困难。

涌现理论多应用于社会科学，其基本逻辑是，在一个开放复杂的系统内，参数和变量太多，存在很多随机性，即使我们知道所有的微观细节，也无法推导预测未来的系统会如何呈现。 大家所熟知的例子就是预报中长期天气的困难性。 随着时间的推移，复杂系统内会涌现出完全无法推导出来的新的行为特征。 谁又能预测出早期地球在电闪雷鸣之后产生的氨基酸会演化成今天地球上丰富多彩的生命呢？

归因的方法则认为这个世界是可知的、可预测的，涌现理论本质上认为这个世界在某种程度上是不可知的、不可预测的。 我自己认为在早期投资结果中的80％可以用涌现理论解释，20％可以用归因理论解释。 二级市场上的指数投资，本质上是相信涌现理论的逻辑，而一级市场上的母基金的操盘人也应该是涌现理论的拥趸。

很多投资人是理工科背景出身，理工科背景的训练让他们对于在自然科学中横扫天下的归因理论非常着迷和执着，他们善于找到一些相关性，但是这些相关性和因果没有关系。以绝大部分投资人的阅历和思考，是根本无法从一个复杂的系统中找到决定项目成功的真正原因的。一个成功的早期投资的案例，会被无数的投资人诠释为在投资的时候就已经非常笃定项目成功的要素，但是这大多数都是事后的总结罢了。现在的我们很容易解释为什么今天这个世界上人会成为终极的统治者，如果我们回到 6000 万年前，有多少人可以看出来那个躲在洞中的、丑陋的啮齿类动物会进化为今天的我们呢？早期投资非常类似于在复杂的系统中找出即将涌现的个体，而这个复杂的系统往往还在发生剧烈的变化，这些都使得预测愈加困难。在生态稳定的系统中，创业者是没有机会的，只有在那些复杂且处于剧变的生态中，小的创业公司才有可能战胜"恐龙"，即大公司。更准确的说法不是战胜大公司，而是适应环境。

对于倾向涌现理论的投资人来说，那些归因论者永远是"井底之蛙"。当然"井底之蛙"的逻辑在他们认知的世界里面是完全自洽的，毕竟他们看见的世界就是井口那么大小。但是当外部环境变化了，自己的归因被市场证明是错误的时候，还死死咬住原来的错误因果逻辑就会犯下更大的错误。一旦系统中的变量发生变化，所有的旧知识在新世界里可能就是谬误了。归因论者的投资是基于某个简化了的抽象模型，而任何主观的简化设定迟早会和新的客观事实产生巨大的错位，从而导致模型运转失灵。相信涌现理论的早期投资人也无法避免地被各种噪声所干扰，比如：错误地判断市场出现的时间，系统已经趋于稳定了还相信一个无足轻重的变量会改变系统未来的整体，但是涌现理论暗含的不可知论带来的自我纠错的能力，可以避免早期投资者偏离机会太远而不自知。

《孙膑兵法》中的"法无定法，式无定式。因时利导，兆于变化"，说的其实就是对打仗过程这个复杂系统不可预测，所以打法要实时调整。早期投资人也要根据涌现出来的最新的情况，实时地调整投资的方向，而不拘泥于某个特定的赛道。 没有什么事情是命中注定的，太多因果逻辑放在更长的时间段上、更广阔的空间里观察，很可能完全经不起推敲。 很多所谓成功的项目只是随机选择的结果，创始人后面也很难重复这个历程。 在早期投资中，当归因论者碰壁到鼻青脸肿之际，正是涌现论者大显身手之时。

渐变与突变

爱因斯坦运用归因论构造出了经典的相对论，而达尔文创立的进化论是涌现论的开山鼻祖。 相较而言，在社会、市场的分析解释方面，进化论所适用的场景更多一些。 我们用归因的方法可以预测天体的运动，宇宙的膨胀，但是，我们无法用一个单一归因的理论来解释社会的发展和市场的走向。

进化论里有很多可以汲取的观点。 其中一个观点是，种内的竞争导致了生物的进化，羚羊并不是和猎豹在竞争，羚羊不需要跑得比猎豹更快，羚羊只需要跑得比其他羚羊快就有机会生存下来，繁衍后代。公司与公司之间的竞争也与此类似，只要比同类的公司优秀就有很大的概率活下来。但像陨石撞击地球导致恐龙灭绝的事情我们无法预测也无法防范。那些客户是个人的公司经历的选择更加类似自然选择，是众多单个消费者抉择的总和决定了哪个公司会兴起，哪个公司会消亡。而用户是企业的公司面对的选择更像是人工选择，就像人类在畜养牛的过程中把奶牛选择出来一样，一个大客户就可以决定企业的发展方向。所以，就对消费者的了解来说，客户为企业类型的公司一定要更加了解自己服务的对象。

进化论在自然界能够得以应用，其中一个基本的生物学基础就是基因的变异，企业也会面临这种情况。我们常说的一个企业的基因，是指企业短时间内难以发生剧烈改变的性质。当然公司生存的外界环境在不断变化，为了适应外部环境的变化，优秀的公司内部的基因也不是一成不变的，而是在不断地发生微小的变化。一旦外界环境的变化速度加快，而公司不能与时俱进时，公司就会逐渐失去市场，甚至被淘汰。畅销书《创新者的窘境》的作者克里斯坦森指出了渐进式创新和颠覆式创新这两种不同的创新，一个成型的企业在不断迭代进化中可以不断有渐进式的创新，但是非常不容易有颠覆式的创新。

自然选择的过程是渐变主导的过程，而市场选择则经常由于环境变化，以突变为主导。这种外界环境产生巨大变化的时期，新物种就容易诞生和兴起，这也是早期投资兴起的时期。面对一个早期的创业公司，我们需要不断地追问：环境发生了什么变化？这个变化是渐进的变化还是突然的变化？如果是突然的变化，我们考察的公司是否具备和这个突然变化相适应的基因？

第五章 天使投资的四个规律

　　每当和朋友聊天使投资，他们都会问我为什么投资了这个案子，为什么没有投那个案子。我会试着解释一下，但坦白地讲，解释的效果很差。我没有办法在比较短的时间内将决策过程描述出来，即使这个决策的过程本身时间很短。

　　大部分人在不需要考虑系统完整性的前提下，去学习一项新技能时，可以表现出色。但是如果想要运用严谨系统性的思维去学习、对待一件事情时，对任何人来说都是很不容易的。 由于天使投资和个人的经验阅历有太多的关系，我们无法通过拷贝别人的投资体系去做好天使投资。 因为每个人的优势不同，所以其投资体系只适用于其本身，诸如拥有较强的投后服务能力、独到的用人之道等等。 投资人常常提及的是自己踩过的坑，是自己不擅长的领域，而他最强的地方，即那些能使他在残酷博弈中获胜的优势，他可能根本没有意识到或者是意识到了也没有机会提及。

我们必须意识到，我们看到的那些投资人的投资逻辑体系并非是完整的。 如果按照不完整的投资逻辑体系去学习他们的投资方法，则伴随着诸多的风险。

中国人喜欢归纳，这是好事情。 在中学学习英语的时候，我们都会学习语法，这样我们在早期阶段的学习速度会加快很多。 但是随着语言水平的进步，如果仍然沉迷于语法的学习，只会让自己进步的速度越来越慢。 语法学得再好，可能你还是无法真正使用这门语言。 你问一个美国人为什么用"What's up"（最近怎样）来表达问候时，他可能说不出缘由，但就是这么用的。 知道"这么用"比"为什么要这么用"简单得多。

在很多知名的天使投资成功案例的决策过程中，存在着诸多难以用简单语言描述的情况。举个例子：熊猫资本投了当年市场上比较火的摩拜单车。我没有向投资人求证做决策的原因，我猜想是因为熊猫资本的投资人原来投资了凹凸租车，凹凸租车在运营的过程中遇到了一些实际的困难，而这些困难通过摩拜单车的产品设计被解决了，所以熊猫资本很快决定了投资摩拜单车。外人看到的"解决最后一公里出行的方式"可能不是决策的重点。真正的决策原因可能只是以前的项目在实际运营中遇到的困难在当前这个项目中得到了完美的解决而已。

总之，天使投资真的没有那么多技巧，别人关于项目的心得可能会给你一些启发。然而每个人的理解程度不同，能理解多少和自己的实践经历高度相关。在具体的项目上，我们可能有自己独到的观点，但每一个项目又都会有很多不同的变量，这将给投资判断带来不小的困难。可是就像一个人在没有语境的情况下学习一门外语时语法起到的作用一样，早期投资还是有一些规律可循的。 知道这些规律不会让你成为最优秀的投资人，但是可以让你避免成为最差的投资人。

笃定趋势，精益创业

早期投资是对未来的一场赌博。 如果趋势已经很明显了，早期投资应该退场，让中晚期的投资人登场。 如果趋势还没有到来，投资就有可能培育了市场，但是市场开始成熟的时候，投资的项目可能已经停止运营了。

随着创新速度的加快，市场从不成熟到激烈竞争的时间间隔变得相当短，时间间隙的变短大大增加了早期投资的难度。 在笃定趋势的情况下应该提前投资，而非苦苦等待最合适的时间节点。 因为需求的涌现常常像火山爆发一样喷薄而出，让我们猝不及防。

雷军曾经分享过他做金山软件的故事。 金山软件做得不错，但是雷军却错失了早期互联网时期的机遇，直到他赌对对移动互联网的判断，才真正成为行业"大佬"。 所以雷军得出一个结论：

站到风口,猪也能飞起来。

另外一个有名的案例就是徐少春坚定而快速地拥抱了视窗的图形界面,奠定了金蝶软件的基础。 在金蝶软件如日中天的时候,同在深圳的腾讯才刚刚起步。 但是后来腾讯连续把握住互联网和移动互联网的两次机会,成为互联网行业的巨无霸,而金蝶软件忙着和用友网络科技股份有限公司①竞争,无暇抓住趋势,也因此失去了对行业的影响力。

彼得·德鲁克说过:公司存在唯一的理由是提供价值。

在盈利的情况下提供价值是公司长期发展的必要条件。 这里面的核心是:

第一,公司的存在一定是某种需求的产物;

第二,公司一定会通过产品或是服务去解决这个需求;

第三,这个产品或服务是高效的,是在可盈利的情况提供的。

在一个存量市场,我们主要通过第三点来切入,而对

---

① 该公司业务范围包括企业管理软件、企业互联网服务和企业金融服务。

于一个增量市场，我们还需要验证第一点和第二点。 在存量市场，我们需要考虑的是技术驱动下的效率如何提升；在增量市场，我们主要验证市场的需求是否存在，什么样的产品和服务可以满足这个需求。

有不少创业者找准了需求，并且拥有规范、准确的商业逻辑，但是市场的规模太小。 对于这类项目，投资人一定要谨慎。 因为如果没有 10 亿元以上估值的潜力，天使投资人投资退出的机会就不大。 所以，选择一个巨大的市场至关重要。 褚橙可能相当不错，但是就现在来看其规模受限。 金融和房地产行业市场巨大，因此其行业公司规模也同样较大。 这同样是为什么会有那么多天使投资人疯狂押注互联网金融的原因——规模做到几十亿元远没有看到天花板，这仅仅只是一个开头。

精益创业的核心概念是用最高效的资源和最短的时间去验证产品与需求之间是否匹配，其中最有效的工具是 MVP（最小可行产品）。 对于创业企业来说，就一些新产品进行小范围的实验并得到可验证的结果再快速地复制推广，其实是验证市场需求是否存在的最快、最经济的方式。 MVP 需要投入的资金就是天使投资人需要投入的资本。 当投入的资本不足以完成 MVP 的时候，就无法验证市场是否有需求，无法验证趋势是否已经来到。 当投入的资本太多时，创业时想要满足的核心需求往往会失去焦点。

人们都知道公司战略要聚焦，功能越少越好，但是说起来容易做起来难，很多功能没办法砍掉，因为外部多种需求的声音总在耳边响起。 MVP 就是用最简单的方案去满足最核心的需求，而且整个过程花的精力越少越好，这是一个做减法的过程。 我曾经在中国创盟①听过神州付②的行政总裁孙江涛分享的用 MVP 的方式来验证需求的故事。 神州付用了一个极致的方式来验证需求是否到来：设立一个三个人的团队，一个负责产品，一个负责技术，一个负责运营，仅仅用一周的时间把需求验证出来。 他们的

① 从事互联网自动化的高新技术企业。
② 全称为北京神州付科技有限公司，专注于数字产品分销的新型高新技术企业。

MVP可能很粗陋，但是足以验证需求。 这套方法论的成功率到现在为止是百分之百。 反过来看我自己投资的创业者，有不少在需求没有被验证的情况下去追求完美的产品，既浪费了钱也耽误了时间。 意识不到MVP价值的创业者的成功概率非常低，某种程度上可以说他们拒绝聆听市场的声音。

据说苹果的Siri语音系统刚推行时，后台需要很多的印度人来进行人工服务，以替代其系统识别工作。 因为想要针对印度人设计云识别系统的操作难度较大，而苹果公司也不愿意在尚未证明该类语言、语音需求量的情况下，就耗费人力物力去开发相应的语音识别技术。 虽然用人工替代看上去非常的初级、基础，但在当时却更为有效。 而专攻名片识别的脉可寻①在刚刚面市时，也是采用后台人工识别的策略， 因为利用OCR（Optical Character Recognition，光学字符识别）技术做到百分百识别率的难度

---

① 全称为上海脉可寻网络科技有限公司，是国内最早推出的精准名片识别、名片扫描工具。

太高了，为了验证手机名片识别的需求，像苹果公司一样用人工替代是一个在成本和效率上都很精益的处理方式。

2003 年 6 月，国际巨头 eBay 以 1.5 亿美元的追加投资收购了易趣。 由于担忧 eBay 要做自己的主营业务 B2B，阿里巴巴决定以要做 C2C 的淘宝去"骚扰"一下 eBay，从而使 eBay 无暇顾及 B2B 业务。 我们可以把淘宝看作是阿里巴巴当时一个消极防守的 MVP 方法，但是随后阿里巴巴预感到了电商需求将喷薄而出，将公司的重点慢慢转移到了 C2C 业务。 今天我们再回头看淘宝，会发现恰恰是阿里巴巴从偶然的策略性防御产品上感受到了电商需求，结果带来了完全不一样的价值。

MVP 验证的就是创业者想要去解决的核心需求是否存在，值不值得后续一系列的投入。 通过 MVP 获得的反馈数据一旦验证了市场的需求，就可以重兵投入，加速后续产品的进度。 那些没有 MVP 概念、追求完美产品而后退出市场的创业者并非是最糟糕的创业者，更糟糕的创业者是那些在没有经过 MVP 验证，在产品还很粗糙的时候就开始做营销获取用户量，而且还非要用巨量的用户来获取所谓的网络效应。 市场的需求是否存在？ 产品是否解决了用户的核心需求？ 用户对产品的接受程度到底怎么样？ 在这些问题都还没有答案的情况下就 all in（押上全部筹码），这样的创业者如何获得成功？ 通过各种手段挖掘用户的真实需求是创业者的第一要务。 连乔布斯这样的创业者都要验证市场的需求，难道我们不需要吗？ 创业者要用 MVP 来证明需求的存在，否则创业就是建立在一片浮沙之上，毫无着力点。

独立思考，勿妄下结论

在 2015 年年中的时候，一个做投资的朋友跑来找我聊天，说：“你看某个在线答题 App 赚了那么多钱，而且目标市场和你们投的‘创知路’①是一样的，快总结一下（你）投资这个案子失败的原因。”朋友的话是无心的，我也没有往

————————

① 全称为北京创知路教育科技有限公司，开发适合不同年级、不同水平的高中学生的培养方案。

心里去，但是当时确实感觉有点儿不舒服：明明还没有确认出局，却要总结失败的原因，这就强人所难了。复盘是必需的，但是一定不要乱下结论。回到"创知路"的案例，可能有很多投资人怀疑我们投的这个项目没有希望。但是我们深信 K12[①] 的市场巨大，没有人可以拿走全部蛋糕。创知路是一个不到 20 人的团队，培训的学生一年有超过 300 人进入清华和北大，这已经证明了产品和服务的价值。现阶段一年几百万的利润证明了这个团队提供服务的经济有效性。随着时间的积累，口碑效应会让这个项目的商务拓展越来越容易，议价能力也变得更强。作为投资人，我没有理由不对"创知路"这个项目感到自信和乐观。在战斗没有结束之前就总结失败的教训，对我来说未免太早。

越是早期的投资人越是要独立思考，避免人云亦云，人云亦云很容易让自己成为市场的跟随者。当趋势已经明朗，你看到一条赛道上有十家公司，你准备投哪几家或者

---

① K12（kindergarten through twelfth grade），教育类专用名词，是学前教育至高中教育的缩写，现在普遍被用来代指基础教育。

哪一家公司？ 那么多的直播平台，你凭什么可以投到最好的？ 突然冒出来那么多的共享单车，你是投还是不投？ 如果投的话，你要投哪家？ 在趋势不明朗的情况下，会有数十家的创业公司做类似的事情，当趋势明朗一些时，可能会出现上百家的公司。 团购、直播、无人机领域的投资都是明证。 如果能保持独立思考的能力，就可以总结经验再提高能力。

天使投资赚钱的本质来自独有的知识讯息和独立判断的溢价。 如果所有的讯息已经是公开的，市场趋势已经明朗，天使投资人凭什么能够赚到钱？ 即使能够赚到钱，也不会高于无风险利率。 为了获得独有的知识和讯息，我们要和创业者多交流。 为了形成正确的判断，我们需要多思考。

在独立思考的时候一定不要受沉没成本所累。 我自己就因为沉没成本导致错过了一些纠错的机会。 我很早就投资了兼职这个市场，虽然一直很看好它，但在投资过程中还是错过了兼职市场上最好的几家公司，因为当时我已经投资了一家做兼职市场的创业公司，也对其投入了较多精力，对其他项目都被"从一而终的情怀"和已经付出的精力所累，看不到其亮点了。这个特点在感情中绝对算是一个优点，但是就天使投资来说却是错过机会的致命弱点。

对于投资人来说，独立思考不是让我们不接受外界的讯息，而是要有自身判断投资决策的逻辑思维。千万不要"为情所困"，一旦因为情感因素而受困其中，实际上就等同于放弃了思考。

大数法则，保持乐观

投资本质上是一种概率游戏。统计学上依据样本统计量做出的统计推断结论并非绝对正确。错误有两类：第一类错误是 I 型错误（type I error），其拒绝了实际上成立的假设（H_0），即错误地判为有差别，这种错误的概率大小，即检验水准，用 α 表示。假设检验时可根据研究目的来确定其大小，一般 α 取 0.05，当拒绝（H_0）时，理论上 100 次检验中平均有 5 次发生这样的错误。统计学上的第二类错误是 II 型错误(type II error)，其接受了实际上不成立的假设(H_0)，也就是错误地判为无差别。 II 型错误的概率用 β 表示。 当样本例数固定时，α 越小，β 越大；反之，α 越大，β 越小。 因而，我们可通过选定 α 控制 β 大小。 要同时减小 α 和 β，唯有增加样本例数。

以一支足球队打比方来说，第一类错误就像是前锋过于保守，不敢过多参与进攻；第二类错误好似后卫过于激进而忘记了防守。 一个更加有攻击性的球队在防守上肯定做出了妥协，反之亦然。 对于早期投资来说，第一类错误是由于过于惧怕风险而错失机会，第二类错误则是过于追求机会而投到了烂案子。 对于一个特定的投资人来说，这两类错误无法同时避免，当更加激进地拥抱机会的同时，投到不好的创业项目的概率也加大了；当投资人试图避免第二类错误发生的时候，错过机会的概率也就加大了。 在实际投资中，我们应权衡这两类情况。 越是早期的投资越是要避免第一类错误，所以早期基金的主要合伙人都是比较乐观的，都是愿意去拥抱机会的，而晚期基金的主要合伙人则倾向于避免错误的投资，哪怕为此错过了机会。

在概率法则之下，我们难道无法提高成功概率吗？ 如果可以提高成功概率，我们又该如何提高？ 我曾经提出一个观点：高风险高回报。 然而这种说法其实存在误区，投资成功与否实际上取决于已知风险，"对已知风险知道得越多，可能的回报越高，未知风险越多，可能的回报越低"。假设一条赛道上有 10 个风险点，而你有能力识别出其中 5 个风险点，那你就会避开这 5 个风险点去做投资。 如果有一家投资机构可以识别出 8 个风险点，那么这家机构挑选出来的项目成功的概率就会比你高很多。 如果只知道这是一条值得赌的赛道，而对风险一无所知，那么假设赛道上有 10 家公司，最后有 1 家公司胜出，投对的概率就是 10％，如果赛道上有 100 家公司，最后有 1 家公司胜出，投对的概率就是 1％。 在拥抱机会的同时，如果能够加强对赛道上风险的识别，无疑投资成功的概率会大大提高。

一个修行的和尚在路上看到一个小孩不慎落水，和尚想去救小孩，但是被两只试图攻击他的野狗挡住了去路，他要是坚持救小孩就不得不赶走或打死这两只野狗。 最终和尚选择打死野狗去救那个落水的小孩。 好的投资人就如同这修行的和尚一样，即便看到了风险点，依然可以拥抱机会。 当然，有些投资人对什么可能是真正的风险点并不清楚，将所有的风险点都不分主次地罗列出来，这样是无法帮助我们进行投资决策的，因为罗列出来的风险点可能并非项目真正的风险点，就像一个迂腐的和尚如果保持着一定不能踩死一只蚂蚁的心态，他可能连路也无法走了，还谈什么弘扬佛法？罗列所有的风险是没有什么作用的，分清一个创业项目风险的主次才真正考验一个投资人的功力。

即使投资的项目获得了成功，也有成功大小的区别。我觉得，如果天使投资人通过一个项目所得到的回报大于整个基金规模，就算是"本垒打"[①]的投资，这种"本垒打"的项目回报通常在 30 倍以上。 中后期的 VC 和 PE 有

---

① 棒球术语，是指击球员将对方来球击出后（通常击出外野护栏），击球员依次跑过一、二、三垒并安全回到本垒的进攻方法，是棒球比赛中非常精彩的瞬间。

5～10 倍的回报就算是非常成功的投资了。 不同阶段的投资风格会有很大的不同。 早期的投资更加追求项目的爆发性，中晚期的投资则追求稳定性，在保证成功率的基础上追求回报倍数，因为中晚期的每个案子的投资金额都很大，评估项目时需要非常审慎。

通常来说，一期天使投资基金如果投 30 个案子，能有两三个"本垒打"的案子，那可以说该天使投资基金十分的稳健。 如果一个"本垒打"的项目都没有投到，但是项目拿到下一轮投资的比例比较高，这说明基金管理人的水平不错，但是过于保守了。 如果既没有"本垒打"的项目，而且投资项目的成功率还不高，那有两种可能： 一是投资人水平问题；二是投资人过于激进，希望投到回报更高的案子，但是运气欠佳。 我对于基金的风险度偏好是希望每期基金有两到三个"本垒打"的案子，这样基金总体来说比较稳健。 如果运气比较好，这两三个本垒打的案子里面有个回报达投资本金 100 倍的案子，整只基金的回报就会相当不错。 天使投资成功率很低，如果成功项目的回报倍数不高，整个基金的收益也就不高。 对于天使投资人投的单个项目来说，失败是正常的，成功是偶然的，但是他在一期基金中投的二三十个案子在一定程度上反映了他的投资风格和投资水平。

如何评价一个早期投资人的真实水平？ 我们又需要数学来帮忙了。 数学上有一个很有名的定律叫大数定律。通俗一点来讲，大数定律就是指在样本数量很大的时候，样本均值和真实均值充分接近。 这个定律是现代概率论、统计学、理论科学和社会科学的基石。 放到天使投资领域来讲，就是投的案子如果足够多，案子的水平基本可以代表投资人的水平。

首先，虽然早期投资的成功概率较大，但是想要投中独角兽的概率却很低，但是投中了独角兽并非代表投资人的水平就一定很高。 这就好比买彩票中大奖的概率极低，但拿到彩票大奖的人可能并不需要什么投注的水平。 所以一个案子的成功可以带来较高的知名度，但是却不能证明其投资功力的深厚。 但是如果一个天使投资人能够持续不

断地投到独角兽，那么这个投资人的水平一定很高。 紫辉
创投的"刚叔"（紫辉创投 CEO 郑刚）投了一个"陌陌"可
能是运气好，后来他又投了"映客"，我们就不得不说刚叔
的投资功力真的是很厉害。 江湖上投中一个独角兽的投资
人不少，投中两个独角兽的投资人就寥若晨星了，能够连
续拿到多次"彩票大奖"的人一定有其独家秘籍。

我自己是这样来判断早期投资人功力的： 投出 1 个 10
倍回报项目的投资人的功力是 1 级，投出 2 个 20 倍回报项
目的投资人的功力是 2 级。 以此类推，投出 3 个 30 倍回报
项目的是 3 级功力的投资人，投出超过 10 个 100 倍以上回
报项目的是顶级功力的投资人。 我不知道中国是否存在着
顶级功力的投资人，如果有，也是单掌的数量。 其实有 3
级功力的投资人对早期投资就有相当不错的判断力。 不禁
感叹一下，天使投资人打怪升级的道路真是既代价昂贵又
惊险刺激啊！

作为一个天使投资人，甚至是天使基金的出资人，需
要有好的心理素质，因为早期项目风险太大，但是我们又

要保持乐观——只要投了一定量的项目，总体还是能得到基准量的成功的。

巴菲特的投资要义是：

投资的第一条准则是不要赔钱，

第二条准则是永远不要忘记第一条。

天使投资人想要在某个项目中同时做到这两点是很困难的，但是在天使投资中却需要投资人以该两点为准则去要求自己。

保持归零的心态

天使投资的热点在不断变化，过去取得成功的经验对今天的投资来说反而有可能是阻碍。 天使投资人在进入一个新领域时的学习和成长通常会经历四个阶段：

如洞之闲，如泥之黏，如土之浅和如石之坚。

第一个阶段是如洞之闲。 在这个阶段，天使投资人要看大量的项目。 投资人对于刚开始接触到的新领域处于一个未知的状态，对相应的信息没有任何的了解，这个时候是没有办法投资的。

第二个阶段是如泥之黏。天使投资人在看了很多项目之后，接收了大量的信息，但是还没有建立框架进行信息梳理，信息在大脑里像糨糊一样。虽然有很多信息，但是不经过梳理，这些信息就没有办法帮助投资人做出清晰的判断。

第三个阶段是如土之浅。随着接触的项目和内容越来越多，投资人慢慢有了一定的判断和见解。和创业者交流的时候也会发现一些亮点，如果这些亮点能契合投资人的思考内容，投资人就有可能会投。这个阶段既痛苦又兴奋，因为投资人不知道自己处在什么样的阶段，虽然有了一定的判断，但是有可能得到的是非常浅的表面逻辑，随着投资进程的推进，投资人的理解也会越来越深入，在加深理解的过程中，能够投到好案子和大案子的可能性就提高了。

最后一个阶段是如石之坚。当投资人觉得自己对行业已经通透了然的时候，会形成自己的独到见解。在这个阶段，投资人可能会过于吹毛求疵，而忽视一些新的创意和机会。

因为投资人对行业的理解已经超越了大多数的创业者，双方在不同的高度就难以达成共识，以至于不情愿做出投资决定。

投资人在如洞之闲阶段有千分之一的概率投到好案子，在如泥之黏阶段有百分之一的机会，但是在这两个阶段都不要投，因为概率太低。在如土之浅的阶段有百分之十到百分之三十的概率，这个概率已经足够了。在如石之坚的阶段，就进入能够快速否定项目的阶段，因为投资人已经形成了非常清晰的想法，但是在这个阶段，投资人难以接受新信息，会特别容易错过机会。

2014 年，一位同学给我推荐了一个"共享汽车"的项目，估价不高，但是我觉得不符合我的要求，所以没有参与。一个兄弟基金公司后来投了这个项目，我猜它应该是在如土之浅的阶段投的，通过这次投资公司肯定知道了在共享汽车方面，有哪些目标是很难做到的。有了进一步的认知后，他们又投资了共享单车项目。如果不投前面的项目是没有办法对"共享"这个概念有那么深刻的理解的。这种理解使得他们在共享单车的项目预判上非常有优势。

当然，如果他们已经进入如石之坚的阶段的话，也许就会错过这个项目了。

当进入如石之坚的阶段，错过就只能错过了，因为投资人这时已经对这个项目形成了特别深刻的认知，打破这个认知需要的时间成本是非常高的。 YY(国内网络视频直播行业的奠基者)的一个早期投资人在视频直播没有兴起的时候就和我沟通了，我觉得他的逻辑已经进入如石之坚的阶段：一个直播平台，需要把"网红"吸引到平台上，分享平台的利益（比如用户给"网红"送花、送车）；用户在使用 YY 这个软件时，只会进行短期消费，保持长期消费的用户并不多；同时平台需要靠广告吸引潜在用户。 这样的模式可行，但是对用户和投资者来说吸引力就有所下降。

投资就是在如土之浅和如石之坚阶段之间不断下注。下注时要不断提醒自己，自己没掌握的信息还有很多。 对于想做创业投资的人，我的建议是必须谦卑。 只有谦卑才可以吸收更多的东西，才能做好投资。

第六章　如何进行投资前的准备

投资信息的获取

具体说来，投资人的每一种投资思想都是看到或经历过的创业案例在其大脑里的映射。 这些案例本质上都是早期投资人研究的对象而已，只不过从有的案例中获取的信息更多，而从有的案例中获取的信息则略少。

早期投资人获取创业企业信息的能力就像眼睛捕捉光影、耳朵聆听声音的能力一样。 早期投资人需要用不同的

手段去获得创业公司真实的信息。 一个刚刚做早期投资的
投资人的"眼睛"和"耳朵"还不敏感,随着接触的案例不
断增多,思考和经验也不断在累积,慢慢地将所能感知的
信息和真实的创业企业对应起来之后,早期投资人的"感
官"就敏锐起来了。 每一个早期投资人都有自己独特的
"感官",因此每一个投资人感知到的创业企业的信息也会
不太一样。

　　早期投资人首先要对个别案例加以研究,然后再对从
这些案例中获得的概念及这些概念之间相互依存的关系加
以研究。 因为每个早期投资人对于案例的感知不同,所以
在思考后形成的概念也不一样。 必须强调一下,早期投资
人对创业企业的感知都是片面的,这些信息仅仅是真实情
况的冰山一角而已。 比如一个早期投资人看到了一份精美
的商业计划书,计划书里是关于创业企业的信息,但绝对
不能认为这些信息就代表了创业企业的全部,等同两者就
会导致误判的产生。 早期投资人在获取创业企业的信息
时,有的是直接获取的,比如看到公司的财务报表,创业

企业研发的产品；而有的则是间接取得的，比如其他投资人给自己介绍的创业项目，财务顾问的推荐介绍，等等。

早期投资人通过对这些创业企业信息的思考，形成了基本的判断： 要么倾向于投资，要么倾向于放弃。 这种倾向就是投资人的决策依据。 这种决策依据的来源可能是对创业企业团队和执行力的判断、创始人的性格，等等。 早期投资人未关注到的信息通常不会对其决策造成影响。

2016 年年底，徐小平老师在"中国天使投资峰会金投榜颁奖盛典"上说道：

> 真格基金的投资哲学是投人。我们都会反复问，为什么要投他？我们的依据是什么？理论是什么？我们的理论就是投人，我们发展出一整套哲学，比如说我们不投模式、不投数据、不投成长，我们就看这个人。我们不投未来，只投过去，过去这个人做得怎么样，我们就投他。后来变成了，投人"只投牛"，"而且只投二牛"，就是看他的联合创始人怎么样。

在这里，我把徐小平老师的"投人"看作一个概念。

徐小平老师在做投资的早期非常看重"投人",但是后期对"投人"的重视程度反而有所下降。

一个早期投资人可以有很多关于创业企业好与坏的概念,但是人的注意力是相当有限的,若是关注很多概念,我们在每一个概念上的敏感度便会下降。 我猜想徐老师在"投人"这个概念之外也会有其他的概念,最后发现还是"投人"这个概念能够更真实地反映创业企业的好坏。

每个人的天赋是不同的,具体到单个的早期投资人,他必须找到自己能够感知到的创业企业的信息,并通过自己形成的投资体系概念来判断项目质量的好与坏。 一个早期投资人会通过不断地经验积累获得对早期创业企业的判断力,然而千万不要忘记,投资人获得的有关信息并不是完整的,有时候还不一定真实可靠。 早期投资人看到的创业企业有可能是经过粉饰的,也有可能只是想象中的美好。 这便如相爱的男女结婚后,就可能发现结婚之前的想象是那么不真实。 如果早期投资人只是根据表象做出推理和判断,那投资的结果往往不会如其所愿。

有关创业企业的讯息不会自动出现，因此投资人必须有意识地加强获取创业企业信息的能力。 我见过一些投资机构的投资业绩一开始非常棒，但是当基金的规模扩大后，业绩就出现了下滑，有时候甚至是雪崩似的下滑，这个时候是基金合伙人的能力出了问题吗？ 我觉得业绩下滑的原因应该是合伙人信息的获取来源发生了变化。 随着基金规模的变大，需要投资的案例数量增加，合伙人已经没有办法在一线和创业企业直接沟通、获取信息，并做出判断，这个阶段投资人对大部分案子的信息获取是通过投资经理，而在投资经理自己的投资体系还没有有效建立的情况下，很多好的案子可能已经被忽略了。

当基金的投资经理成长起来的时候，所选择的基金就会有较好的业绩回报。 投资经理会根据被证明有效的投资体系募集所需的基金，并得到回报，然后不断循环。

早期投资是一个非常依靠个人能力的行业。 如果每一个早期投资人都只能够看到创业企业真实图景中的一部分的话，该如何增强自己对于早期创业企业的判断力呢？

对这一问题，美国的一家早期投资基金公司给出了很好的答案。这家基金公司就是 USV（Union Square Ventures，联合广场创投）。USV 成立 11 年来，IRR（Internal Rate of Return，内部回报率）最高达 68.4%！公司 6 只基金共 9.6 亿美元，团队仅有 12 名成员，包括 5 个合伙人，4 名投资人，3 位运营员工。在中国，大量天使投资管理人募集完一只基金产品后，不少 LP 不会继续投资后续的基金产品，而 USV 却持续受到无数 LP 的追捧。这是为什么？首先，USV 坚持基金规模与团队能力相匹配的原则；其次其团队中的 4 名投资人均为经验丰富的老手，这样 USV 获取创业企业信息和在此基础上做出判断的能力就不会衰退；最后，USV 强调合伙人团队的统一行动、团队决策，这和大部分的早期投资机构是明显不同的。当我们听说金沙江创业投资基金投了滴滴和映客的时候，我们只知道朱啸虎，却没有听到金沙江的其他合伙人在这些案子中起的作用。USV 基金合伙人的团体决策原则保证了一个创业企业的信息经历过几个一流早期投资人的投资判断，最终得出的结论必然更加接近于真实的情况。

早期投资人看创业企业就像瞎子摸象一样，每个投资人基于自己的投资体系对创业项目做出了其独立的判断，而多个投资人对项目的综合判断肯定更加全面，他们共同描画出来的"大象"肯定也就更接近于真实的"大象"。这就是一些优秀的基金公司没有传统意义上的投资经理，而只有合伙人和未来合伙人的原因。 我坚定地认为早期投资基金公司需要精干扁平的组织架构。 合伙人不能高高在上做太多和投资不相干的事情，比如募集资金。 就投资决策来说，合伙人必须亲力亲为，直接与创业者沟通获取信息，及时倾听市场的声音并尽快做出投资决策。 这些年来，有些早期投资机构募集的钱越来越多，基金公司内部的组织架构层级也日益复杂，信息的流通效率大为降低。对于依靠早期投资人自身投资体系做出判断的早期投资，这样的组织架构很可能降低了投资成功的概率。 合伙人奋斗在第一线的基金公司和公司下设合伙人层级的基金公司相比，一般来说前者的业绩要更好一些。

如何看待投资中的风险

投资有风险,入市需谨慎。

这是大家耳熟能详的一句话,那些在股市中亏过钱的股民恐怕对此尤有体会。 早期投资和在二级市场上进行投资面对的风险是类似的。 通俗地讲就是包赚是不可能的,对投资失败需要有心理准备。 早期投资有两种类型的投资者,一类像二级市场的长期投资人,更加关注创业企业的成长,而另一类更像二级市场的趋势投资者,对于市场的变化比较敏感。 这是两种不同风格的投资人。 一个优秀的早期投资人最好是既善于判断企业的成长性,也对市场上的热点很敏感。 但是要做到其中之一——有判断力已经实属不易,遑论二者俱佳。

对于对市场比较敏感的投资人,他们希望窥得创业市场上短期内的趋势,从而能比较快速地实现项目估值增长并实现退出。 如果投资人预测到了所谓的热点和风口,他们就能比较快地实现盈利并退出;而如果参与的项目没有形成市场热点，或是形成了市场热点，但是热点持续的时间较短，来不及实现退出就又冷却了下来，实现盈利退出的可能性就比较低了。 同股票市场相比，早期投资的流动性会差很多。 对热点的预测如果和市场呈现的不一致就是风险。 市场上热点、风口的形成有诸多偶然的因素。 热点持续的时间过短也是投资人必须面对的又一风险，因为过于短期的市场热点对于流动性不太好的一级市场来说，要实现盈利退出的概率不大。 早期市场上热点的形成可能比二级市场上股票价格的涨跌起落更有规律，那些对行业有洞察力的投资人通常可以预测到热点和风口的形成趋势。

对于投资者来说，他们的决策源自于对所投资企业的比较长期的预期。 他们所面临的风险是创业企业的成长可能与投资时的预测不一致： 如原来预期的快速成长变成缓慢成长，预期的极致产品体验变成一般产品体验，预期的巨大的市场其实是一个比较小众的市场，等等。 虽然我们很难预测创业企业的未来，但是还是可以通过对创业者的评估，经过商业逻辑的判断，不断提高判断的准确性。 这是有规律可循的。 由于市场中有太多投资人，那些未来发展非常明确、优势显而易见的优秀创业企业的估值往往是被高估的。 这些估值较高的创业项目并不一定能够给投资者带来超额的回报，只有那些将千里马从一堆驽马中挑出来的伯乐才可能享受到巨大的资本回报。 随着经验的积累，投资人对创业团队和创业项目的辨识能力会不断提高，从而降低投资的风险。

另外，对上述两类风格的投资人来说，对其熟悉的行业进行投资成功的可能性会大大高于那些不熟悉行业的投资者，因此对行业的熟悉程度也会大大影响投资的风险。对于第二类投资者来说，自己所投的项目是否属于市场的热点对投资的收益来说肯定是有很大影响的。 当我们清楚自己是哪一类投资人，我们所面对的主要是哪一类风险时，我们就能够有机会、有计划地去降低此类风险。

如何寻找投资项目

当天使投资人有了投资的意愿，也具备了投资人的基本素养之后，到哪里去寻找投资的项目呢？ 一个投资人总是要从众多的投资项目中筛选出最优秀的项目，作为他最终的投资选择。 在这里要强调的是，挑选的基数数量要大，投资人需要分析对比过较多数量的项目后再进行决策。 而在筛选时，要为投资项目划一道分数线，只有达到标准的项目才能被归入我们进一步挑选、调研的对象之中。

天使投资人可以通过两个方法筛选投资项目： 第一个方法就是给创业者和创业公司设置一个很高的标准，让达到标准的项目数量有限，这样，投资人可以有时间和精力仔细地研究每一个达标的项目；第二个方法就是不为创业投资的项目设置太高的门槛，这样就可以获得庞大的项目数量。 我认为这两种方法是相辅相成的，按投资的阶段来划分，初试天使投资的投资人应该用第二种方法，在逐渐取得一定经验累积之后，可以转移到第一种方法。 如果在做投资的早期阶段就给初创企业项目设置很高的标准，有可能投资人会接触不到什么项目，因为那些具有很高标准的创业项目更有可能会去寻求市场上那些更加专业、更加有地位的天使投资人和天使投资机构。

现在，网络平台上就有很多的初创项目。 网络平台的出现从根本上改变了发掘早期项目的方式。 这对于一些刚刚进入天使投资领域进行早期项目投资的个人来说，门槛已经大大降低了。 如果投资人具有优秀的判断力，在这些网络项目平台上就可以找到非常好的投资目标。 随着工作时间和经验的积累，每个投资人都会慢慢找到更具优势的项目渠道。

第一个独有案源就是自己的个人人脉关系。 如果投资人在比较知名的公司里面工作过，通常他的第一笔天使投资很可能是原有公司同事的创业项目。 优秀的公司已经帮助天使投资人做了人才的筛选，离人才最近的投资人通常也是创业者首先寻求投资的对象。 对于投资人来说，通过过往的共事经验可以更清楚地了解创业者的能力和人品，这样投资人在投资的时候可以不用做很详细的调查。 比如"百度七剑客"的王啸投百度创业者的项目就很有优势，腾讯创始人之一的曾李青投了很多从腾讯出来的创业者，有阿里巴巴背景的李治国也投了相当数量的从阿里巴巴出来的创业者，这些创业者最终取得了远高于大多数创业者所能取得的成绩。

当然，自己认识的人总是有限的，我们还可以通过自己的二度人脉来扩展目标群体。 当投资做到一定阶段的时候，尤其是当投资人已经投资过一些优秀的创业者后，可以通过这些创业者的二度人脉来寻求优秀的投资项目，这一途径往往是非常有效的。 一些创业者通常在创业之初会寻求自己已经在创业的朋友的意见，如果这些朋友愿意将该创业者信息给信得过的投资人，投资人就可以第一时间接触到创业者。 通过个人人脉找项目有点像找对象，通常来说，这个途径所找到的对象都是一度人脉和二度人脉。通过一度人脉和二度人脉找到靠谱对象的概率要比通过其他的方式高很多，虽然也有一些成功的案例是通过婚介所、线上婚介平台达成的，但是大多数人找对象还是通过一度人脉和二度人脉来实现的。

有一些好的项目是创业者直接找上门来的，特别是在早期投资机构数目不多，创业者比较少，投资生态体系不那么完备的时候，优秀的创业者有可能直接找到风险投资机构寻求融资，但是随着投资人数的增加，优秀创业者因为找不到资本直接找上门的情况越来越少见了。我遇到过几次类似的情况，创业者听说我们投了一个比较优秀的项目，认为我们对这个领域可能有一些独特的理解或者有些优越的资源，就主动找上门来。这样的创业者通常来说对投资人都有良好的判断力。我也比较重视那些知道我的投资风格而主动接触我的创业者。随着"双创"大潮的涌起，越来越多的创业者加入创业队伍，如果他们找不到身边的朋友来投资，或者身边的朋友也不认识比较靠谱的投资人，他们便会倾向于寻求市场上比较靠谱的投资人，通常来说就是投过优秀的早期项目或在社交媒体上有影响力的投资人。 因此对于早期投资人来说，在市场上建立自己的名声还是有一定好处的，当然也有负面的影响，那就是会收到太多创业者的讯息，甄别的成本大大增加了。

　　如果刚刚从事天使投资这个行业，还没有很多的人脉，或者原来自己从事的行业的同事创业的可能性不大，尽快融入早期投资生态的一个方式就是加入一些天使投资人的组织，比如在北京比较有影响力的天使茶馆、精一天使公社、天使成长营、中国好天使等组织。 在上海可以参加薛庆(上海天使投资俱乐部运营负责人)主导的天使训练营，还有上海市大学生科技创业基金会主办的天使培训，等等。 通过参加这些组织或是参与这些组织举办的培训活动，可以迅速地认识一些对做天使投资感兴趣的朋友，同时由于这些培训机构都邀请了全国最好的天使投资人导师来给想做天使投资的人做培训，所以也有机会认识相当多优秀的天使投资人。 通过与这些同学和导师建立关系，可以使自己迅速接触到一些项目，而且可以在学习天使投资的过程中得到很多的帮助和反馈，这对于提高自己的投资能力十分有益。

　　投资人要找到合适的案源，还有一种方式就是和创业者进行更多的互动。由于"双创"的开展，全国有很多创业者会自发举办线下的聚会，比如我在上海的时候经常参加的创始人互动俱乐部，该俱乐部每周都会举办聚会，每次参加聚会的都是创业者和潜在创业者。在这些聚会中，你可以近距离接触最前沿的创业者，你甚至可以看到一些创业团队就是通过这些聚会活动成型的。还有一些基于私人董事会的创业者的圈子，比如上海的创投家私董会。通过参与这些聚会活动，投资人不仅可以认识一些创业者，也可以认识一些和创业者更加紧密的其他投资人，通常这些投资人都是低调而优秀的。当投资人把自己融入创业生态圈时，就能够看到很多其他投资人还没有看到的潜在投资项目。

　　另一个案源渠道是创业大赛。中国最早出现的创业大赛是"赢在中国"，参与了这个比赛的一些创业者后来取得了相当不错的成绩。我刚开始做投资的时候参加的比较重要的创业大赛是"创新中国"（Demo China）。那时候移动互联网刚刚兴起，有不少参加"创新中国"比赛的项目后期的发展都非常好，比如中文在线、春雨医生。 而且不仅仅是进入决赛的项目，一些在海选过程中就被淘汰的项目也有着非常不错的发展。 这些商业计划大赛反映了中国早期创新创业项目的水准。"创新中国"就是创业圈的先驱者。 除了"创新中国"比赛外，还有一些在垂直领域里做得非常不错的创业大赛，比如医疗健康行业的 DemoHealth 平台主办的创新医疗创业大赛。①

　　全国范围内的创业大赛虽然质量很高，但是从频率上来讲并不高。 在北京、上海、深圳等一些创业活动比较多的城市，会有更多的推荐活动，通常这些推荐活动由一些具有融资中介服务的公司来组织举办，比如创投圈、天使汇等举办的项目路演。 还有一些更加私密的项目推荐活动，其中有的质量相当不错，比如蚂蚁天使的项目推荐活动。 不同举办方的活动侧重的投资阶段也不同，投资人需要根据自己的投资

---

　　① 　中国首家医疗领域一站式创业服务互动平台。

阶段偏好来选择自己想要参与的项目推荐会。

最近几年，中国诞生了一大批为初创公司服务的孵化器、加速器，在创业氛围比较浓厚的城市，孵化器和加速器呈现出了爆炸式的增长，在提升创业者水平方面做出了很大的贡献，由于每个孵化器和加速器都有不断更新的服务项目，因此每隔一段时间就会举办一次项目路演（demoday）。比如清创孵化器、北京优投科技孵化器有限公司、启迪控投股份有限公司，几乎每个月都有孵化或加速项目的路演，通常这些孵化器路演的项目都有一定的水准。

网络投资平台上面的项目可能良莠不齐，市场上有一些专门服务于投资人的融资中介。投资人可以通过融资中介来找项目，这样接触到的项目水平会比较稳定。但是融资中介也有优劣之分，和比较好的融资中介进行合作的投资人可以节省大量的精力。市场上一些水平非常高的融资中介其实是有能力自己做投资的，只不过因为他们出于一些其他的考虑而选择做融资中介来服务投资人，这种有着优秀投资判断能力的融资中介是早期投资市场上非常稀缺的资源。

总之，作为一个天使投资人，寻找优秀的项目案源始终是非常关键的工作，它直接决定了投资项目的质量。通过不断优化项目案源的渠道，可以极大地提升投资人的工作效率，当然这个优化的过程不可能是一蹴而就的，而是在不断的积累过程中慢慢优化的，进而确立投资人自己的地位。一个优秀的投资人通常都有其高质量的案源渠道。投资人的水平和项目案源质量的水平不匹配的情形并不多见，即使有，他投资的机构也不会持续很长时间。

如何读商业计划书

商业计划书也叫 Business Plan，简称 BP，通常是投资人最先接触创的创业项目信息。融资顾问在推荐项目的时候一般会把创业者的商业计划书发给投资人，创业者向投资机构投送自我介绍时也会附上商业计划书。当然在一些情况下，如商业计划大赛项目路演中，投资人第一次接触到的并不是商业计划书，而是路演本身。 在与创业团队接触之前，投资人可以通过商业计划书对项目有一个初步、基本的了解。

商业计划书的形式多种多样，通常是以 PPT 的形式，但是也有一些创业者用 Word 文档的形式来写自己的商业计划书。 这里面没有绝对的好坏之分，PPT 有 PPT 的好处，Word 文档也有它的可取之处，关键还是看这个商业计划书是否向投资人展示了公司项目的状况、亮点及项目未来发展的潜力。 对于创业者来说，商业计划书就像是自己项目的照片一样，写得好的商业计划书对创业项目来说可以加分不少。 对于投资人来讲，看到创业者的商业计划书，就像看到一张或多或少 PS 过的照片一样，投资人需要将 PS 的痕迹去掉，看到项目和创始人的实际情况。

创业者的意图是让投资人对企业项目做出正面的评价，从而使创业公司获得融资。 对于投资人来说，他通过看商业计划书来检视项目是否有潜力，以及整个团队是否有能力支撑一个宏大的愿景。 商业计划书之于创业者和投资人想要达到的目的是不同的。 但虽然目的不同，商业计划书还是有一个相对比较固定的形式内容。 商业计划书里包含了投资人感兴趣的大部分内容，比如公司提供的产品服务、公司的管理团队、公司的运营现状、公司的融资方案等。 一些更加详细的 PPT 甚至包括了企业为何形成、市场营销的具体方式，以及公司的股权架构。

每个投资人的投资逻辑不同，对创业项目的敏感点也不同，这决定了每个初做天使投资的投资人看到的商业计划书的重点是不一样的。 有些人对市场和产品比较敏感，可能就从这一部分中得到更多的信息；有些投资人对运营比较有体会，能够从数据中看到更多隐藏的信息。

在我看来，阅读商业计划书并不能让投资人决定要投资什么项目。 那么，商业计划书的作用是什么呢？ 通常来说，投资人会通过阅读商业计划书筛选掉一些项目，因为时间是有限的，所以投资人能够和创业者进行面对面沟通的创业项目也是非常有限的。 由于目前市场上的项目案源很多，作为一个天使投资人有机会接触到大量的创业项目信息，如何通过项目信息找到比较靠谱的创业项目并进行当面约谈呢？ 大体上是通过阅读商业计划书来寻找的。

在早些年，市场上的创业项目还没有这么多的时候，投资人对收到的大部分商业计划书都很重视，但是随着创业生态的变化，越来越多的创业项目进入投资人和投资机构的视野，这时候，就需要从商业计划书中筛选出更加优秀的创业者进行面谈。 看多少商业计划书，约谈多少创业者的比例也是因投资人、投资机构而异。 像我们的投资公司，对于优质项目渠道推荐过来的创业项目，我们并不看它们的商业计划书，而是全部约见被推荐的创业者。 对于其他一些质量一般渠道推荐过来的创业项目，在我们阅读完商业计划书之后，可能只会约见十分之一的创业者进行进一步沟通。

在阅读商业计划书的时候，一个是找暗点，一个是找亮点。 找到了一个特别明显的暗点，就可以迅速淘汰一个案子；找到一个难得的亮点，就可以约见创业者进一步了解项目的信息。 商业计划书中哪些是暗点，哪些是亮点，也因投资人而异。 每个人的认知水平是有限的，优秀的投资人也不例外。 我自己也因为认知水平有限，曾经错过不少后来发展得非常好的项目。 之所以错过，就是因为当初没有发现商业计划书上项目的亮点。 也有一些我投资的项目发展的情况并不理想，回头再去审视商业计划书，大多数还是能够发觉端倪的。 投资人在这个市场上做得越久，看到的商业计划书越多，对项目的亮点和暗点就会越敏感。

对于投资人来说，大家的学习速度也不一样。 有些人有过很多其他相关工作的积累，对商业计划书比较敏感，有一些投资人虽然从事投资行业的时间比较久，但是学习的速度不快，对于商业计划书中的亮点和暗点的敏感度也不一定高。 投资人必须意识到，通过阅读商业计划书来判断项目的好坏有着非常高的风险。 投资人极有可能因为商业计划书的质量、约见的创业者的个人素质、未发现的项目本身的亮点而错过那些未来走向很好的创业项目。 但这种遗憾是没有办法避免的，因为商业计划书本身并不能反映创业项目的全部信息，另外投资人解读一份商业计划书的能力也是相当有限的。 如果投资人不想错过一些优质的项目，就必须约见更多的创业者，但只是根据创业者个人的水平来进行抉择，同样也会出现误判。 因此，投资人必须在这中间找到一个平衡点，这样工作的效率和质量都能够有一个基本的保证。

虽然商业计划书的结构和内容因项目而异，但还是存在一些必备的内容。 我在看一份商业计划书的时候，不管商业计划书内容的顺序如何，我都会先找团队。 在早期的投资中，很多人都知道主要是投人，创业者是否优秀这一点非常重要。 如果我收到一份没有团队介绍的商业计划书，基本上直接就筛掉这个项目了。 商业计划书中对于团队的描述并没有绝对的优秀和不优秀之分，而是整个团队的经历要和现在做的事情有相当高的匹配程度。 我希望看到的是创业团队在能力上可以承载现在做的创业项目，而且在意愿上有着强烈做这件事情的决心。

　　每个投资人对团队的判断是不一样的，所以说不同的投资人看到的亮点和暗点也是不一样的。 有些项目创始团队的人很少，可能只有一个人，但是有很大的顾问团队，这样的项目，我一般也是直接过滤掉。 在我的逻辑里面，这种情况说明创业者是一个人在作战，成功的概率很小。创业者的那些顾问，都是知道创业者在做这件事情的行业内的相关人员，但是他们中间却没有人愿意跳进来，成为创业者战车上的一员，这对我来说是很大的顾虑。 我也知道有些投资人比较偏好这种有很多顾问的创业公司，这些顾问在这些投资人的逻辑里面可能代表了创业者在行业内的积累。 当然，在商业计划书的团队部分，内容篇幅是有限的，能够呈现的信息也不多。 投资人很难看到关于创业团队的全部信息，但是关于创业团队是否是一个比较优秀的团队，还是比较容易判断的。 对于一个优秀的团队，即使商业计划书中项目本身的描述没有太多亮点，我也会约谈创始人。

　　除了项目的创始团队外，我还比较注重创业者在商业计划书中对项目描述的客观程度。 如果我看到商业计划书对项目的描述中存在非常夸张的情况，那绝对是一个暗点。 比如，创业者把市场描述得异常大。 这通常是创业者不明白他想象中的市场大小和实际可触及市场大小之间的区别。 投资人和创业者应该在意的是可触及市场的大小，而不是泛泛的市场。 还有些创业者把自己的客户描述成一个很大的群体，比如，25 岁到 40 岁的女性，这样粗略的用户画像证明创业者对于自己的用户群体定位不清晰，一个非常大的用户团体，实际上反映的是创业者对自己提供的产品和服务想要触达的人群并不确定。

总之，创业者在商业计划书中对愿景、市场、潜在客户群体都有一定的美化程度，对于这些投资人也都可以理解，但是如果商业计划书中过多的夸大这些成分，会让投资人产生一种创业者很不靠谱、对事物的理解非常肤浅的感觉。 初做投资的天使投资人，通常在这一点上判断力较弱，生怕错过了一个伟大的项目。 我有一个小的技巧还比较有用，就是看创业者创业项目的运营数据。 虽然早期项目的运营数据很少，但是运营数据通常可以更真切地反映出市场的规模、痛点和刚需。

在阅读商业计划书时，我们还希望看到创业者对创业项目的理解。 这个理解可以通过创业者对参与市场的描述和痛点需求的陈诉得到部分验证。 另外，通过创业者对竞争对手的理解，可以对创业者是否有真知灼见有更加直接、更有穿透性的判断。 一个创业者如果对市场上的其他竞争对手的情况不了解，是一个很大的问题。 我非常关心创业者对市场上其他竞争对手了解的详细程度和准确程度。 如果创业者对在同一市场上的竞争对手了解得非常仔细，至少说明他对行业和整个市场的理解是很全面的。 在详细了解竞争对手的过程中，创业者可以更为深刻地认识市场，而在这之后还愿意继续创业、参与竞争，创业者势必有其独特的理解或是优势，毕竟谁又愿意辛苦创业一番而所得寥寥呢？ 创业者要么看到了市场上一些别的竞争者尚未注意到的地方，要么是创业者准备用一些与众不同的方式来解决这个市场上大家知道的痛点。 简而言之，创业者对市场的理解非常重要，通常创业者关注到的其他竞争者认为没有那么重要的点，才是我们在整个商业计划书中需要寻找的亮点。

最后一点是商业计划书中的融资与未来计划部分。 在这一部分，我会看一下需要融资的金额是否与我们机构的投资阶段和投资范围相匹配。 另外一个是创业者的估值，因为投资人在创业市场上的信息相对创业者来说更加详细，所以投资人对项目的估值通常有一个比较准确的判断。 如果创业者对项目的估值远远高于投资人的估值，投资人可能也会筛掉这个项目。 并不是说投资人不愿和创业者沟通，而是因为这代表着创业者对自己在投资市场上的价值并不了解，或者说创业者对于自己的项目过于自信。这反映了创业者对于未来项目发展的不确定，对其没有一个清晰的判断，觉得投资人只要把钱给到，创业这件事就成了。 估值比较高的项目创业者也许个人背景会比较好，但是从我的实际经历来看，这些估值过高的项目胜出的概率并没有比那些估值合理的项目更高，反而是更低。

商业计划书对于投资人来讲还有一个作用就是，需要约谈创业者进行面聊之前，可以根据商业计划书中提到的信息做一些功课。 通过这些提前做的功课，可以和创业者在面对面的沟通交流中效率更高，也更容易建立信任感。

第七章　在创业者身上寻找什么

我曾经和很多投资人交流过他们对于创业者有什么偏好，有些投资公司还总结了创业者成功的秘诀和共同点。在这里，我分享的是我本人的部分看法，之所以说部分，是因为其他投资者对于创业者特质的一些看法虽然会和我接近，但是对各种特质的侧重也不尽相同。

深度思考的能力

创业者有很多，但是具有深度思考能力的创业者是非常稀缺的。猎豹创始人傅盛在一次演讲中提到人的四种认知状态： 95％的人不知道自己不知道，4％的人知道自己不知道，0.9％的人知道自己知道，还有0.1％的人不知道自己知道。

如果创业者按此分类，第一类创业者是没有深度思考意愿的，我们看到的大多数创业者都是这类创业者，虽然他们有很强的创业冲动，但是缺乏对自己创业所要做的事情的理解。第二类人是欠缺深度思考能力的，或者是对相关工作的思考时间不够。第三类创业者是我比较愿意投资的类型，他们既有思考的意愿也有思考的能力。

虽然这个时候的投资估值可能会比市场上的其他项目要高一些，但是创始人成功的概率也会大很多。对于第四类创业者，如果有幸碰到，也有机会投资的话，有可能会有很大的惊喜。乔布斯说的 stay foolish 应该就是这个状态，明明已经比较明白了，还是觉得自己不明白，还可以从外界源源不断地汲取养分。这类创业者可遇不可求，做早期投资寻找的主要还是第三类创业者。

这种深度思考的能力体现在创业者不人云亦云、对商业有自己的看法上。如果创业者总是认同投资人的看法，就不会是一个优秀的创业者。深度思考、独立思辨的能力是优秀的创业者所需要具备的，只有这样才能看到与众不同的地方和更多未来的可能性。

对成功的极度渴望

乔布斯除了说过"stay foolish"外，还说过"stay hungry"。

创业者需要对成功有极度的渴望，这个极度的渴望体现出来就是创业的激情，有了极度的渴望才能够跨越通往成功路上的沟沟坎坎。

作家余华有一句话让我印象很深：

为了不让真理的路上人满为患，命运让大多数人迷失方向。

对于创业者来说，如果没有对成功的极度渴望，是非常容易迷失方向的，因为他们常在暗夜里摸索前行。创业者没有对成功的极度渴望，在中途遇到问题的时候，比如在遇到市场变化的时候，在碰到强劲的竞争对手的时候，就会选择退出、放弃。 而那些对成功极度渴望的创业者，不管在创业过程中遇到多大的困难，不管遇到多少的险阻，都可以始终保持创业的激情，执着地做自己的事情。而创业的成功经常需要在面对困难时多一点坚守，挺过来了，创业可能就成功了。

在中国传统文化里，对成功的极度渴望并不一定被人们认可，教导人随遇而安的例子很多，让人看淡世事的例子也很多。 在很多场合下，对胜利的极度渴望被称为野心。 但是这种野心是创业者身上的必备素质。 创业者如果没有对成功的极度渴望，把企业做大的可能性就几乎为零。 因为在拓展企业规模的过程中需要创业者更多的努力和付出，那种小富即安的创业者是不会给早期投资人带来太大回报的。 只有对成功极度渴望的创业者才有可能在逆境中越挫越勇，坚持到创业成功的那一天。 很多创业企业就是因为创业者对成功的渴望程度没有竞争对手强，在中途遭遇挫折、问题，遇到市场变化的时候就退出放弃了，想要发展的项目也就中断了。

因此，在创业市场，识别创业者是否有对成功的极度渴望也成为投资人能否做好投资的一个重要功力。投资人如何在 100 个宣称"要做一家伟大的公司"的创业者中发现最渴望成功的创业者？这其实并不容易。

大赌大赢的勇气

有些时候，呈现在创业者面前的市场信息并不清晰，但是创业者仍然需要做出决定：如何将有限的资源投入一个方向上。那些在做重大决策的时候犹豫中庸的人就不太适合创业。我有一个朋友在二级市场上经常满仓操作一只股票，这样做肯定是有问题的，经济学理论告诉我们，适当的分散是更好的选择。但是如果这个朋友创业的话，我还是蛮想投资他的，他这种大赌大赢的勇气对创业者来说是非常需要的。在早期创业这件事情上不存在分散风险，要么大赌大赢，要么大赌大输。即使没有风险投资，创业者也应该在最有可能的方向上倾尽全力。如果获得了风险投资，创业者还不敢在关键的节点赌一下，那么战略执行的力度会大打折扣。

有些时候，创业者初期对市场需求的了解不够清晰，导致最终的产品不符合市场要求。 当创业者一旦意识到即将出产出来的产品很有可能不适合市场的时候，不管他为做这个产品曾经投入过多少钱，都必须当机立断将其砍掉。 没有这样的决断力，即使产品最终做出来也无法推向市场，那时候对于公司来说就是雪上加霜了。 这种战略上的赌博和停掉产品的勇气都不是一般人可以做到的。 前者要求创业者有闭上眼睛纵身一跃跨越鸿沟的感性，后者要求创业者有认识现实后做出抉择的理性。

这种展现大赌大赢勇气的创业者并非那种毫无根据就做出重大决策的莽撞人。 这种毫不犹豫的坚定是因为创业者对自身的事业已经有了超过他人的理解。 有些人没有这种坚定性，通常是因为他们没有真正思考过。 没有想清楚的事情，如何能够坚定呢？ 好的创业者不会因为自己和投资人的认知不同而停下努力的脚步。 当然，很多不合格的创业者对投资人的提醒和建议也是充耳不闻的。 很多人认为李彦宏算不上特别优秀的创业者，可能百度的发展和腾讯、阿里巴巴相比的确落后了很多，但是李彦宏敢于在美国获得博士学位不久后就回国创业，有几个留学生可以做到？ 李彦宏当时敢于放弃三大门户（搜狐、新浪、网易）的搜索流量独立做搜索引擎，放弃这么大的流量，有几个创业者可以做到？

有些创业者不管投资人是否投钱，他都要做，没有拿到钱一样在做，也一样会有进展，只是进展的速度会稍慢一些。 投资人一旦意识到给创业者的投资可以大大加速项目的进展，让项目更快成功，就很可能同意投资。 而那些背景看起来不错的创业者有时会和投资人讲：万事俱备就差投资人的钱了！ 钱不到位，另外几位合伙人拖家带口，基本生活没法保证，没法全职加入团队。 这种创业者对创业的态度就不够坚决。 创业需要很大的勇气，如果创业团队说没有投资人的钱就没法干或者干不下去，那我觉得这样的团队成功的概率不大。

凝聚力和执行力

如果创业者孤身一人，能力再强却没有人跟随，是不可能做大企业的。 Keep[①] 的创始人王宁大学一毕业就创立了 Keep，没有工作背景的他确实展现出吸引人才的强大能力，他可以花非常多的时间去跟那些优秀企业的高管交流，然后准确找到他们在 Keep 团队中的定位，再用合理的分享机制把人才凝聚吸引进来。

这种凝聚力不仅仅是在企业的初始阶段和成长阶段非常重要，在逆境中更加难能可贵。 我们之前投资的芝麻掌柜[②]就是这样一个凝聚力强的团队。 这个团队的人在一起做事已经有些年头了，他们在创业的过程中发现了一些短板，团队解散各个成员去相应的公司工作提高能力，之后再次聚在一起重新开始创业。 往往拥有这种强大凝聚力的

---

① 一款具有社交属性的健身工具类产品。
② 专注于农村互联网市场，通过农村快消品 B2B 电商平台，向县城、乡镇农村的小超市、便利店提供快消品供货服务的一家公司。

团队所进行的项目成功概率较高。

在互联网、移动互联网创业，由于技术成熟的时间条件对于所有创业者来说都是相同的，因此会有很多创业者从中同时发现机会点，并开创自己的新型商业模式。 很多情况下，商业模式大同小异，最终能够突出重围的一定是拥有超强执行力的创业者。 一个创业者很难兼具执行力和深度思考的能力，因为这二者并非可以通过创业本身培养出来。 创业者的这种超强的执行力常常是建立在不安全感之上的，也就是对公司的发展有一种强烈的危机意识。 通常执行力强的创业者内心都有一种焦虑感，他们会通过强而有力的执行结果来释放这种焦虑感。 而那些缺少焦虑感的创业者，也往往缺少了这份执行力。

第八章　如何进行投后管理

对于投资人来说，最好的投资是完全不需要投后管理，且企业的价值在不断增长的投资。 正如有些别人家的孩子不用父母操心，却依旧成绩优秀。 但是实际的情况是，只有非常少的孩子在成长的过程中不需要太多帮助，也只有非常少的公司不需要任何的支持和建议就可以成长为一家成功的公司。

如果一个规模为 2 亿元的天使投资基金一共投资 60 个项目，每个项目平均 300 万。 但是一个天使期的基金投资团队通常不会很大，也就几个人。 面对这么多项目，为数不多的几个人如何进行有效的投后管理和投后服务？ 在那些成功、优秀的天使期基金组中有不少是选择"投而不管"的。 因为没时间，缺少精力，也没有专业团队去管这么多项目，只能任由项目自身发展。 这种投而不管的做法，也给了创业者极大的自由，而投资人在处理这些投而不管的基金的投资决策上就需要更强的判断力。 否则，后面项目的成功概率会低于那些提供积极投后服务基金的项目。 这就好比一个常常有课后家教补习的同学通常比一个从来没有补习过的同学成绩更好。 但是一个天使投资基金公司能在投后服务上花费的精力是有限的，也因为需要分出相当多的精力在投后管理上，这些投资基金公司在投资决策上的精力会被分散，且投资项目的数量也会因此减少。

所以，早期投资机构投资会进行投后服务的项目的数量会少于那种投而不管的项目。 就项目的回报上来说，两者并不一定孰优孰劣。 我倾向于虽然并不会全程提供深度的投后管理服务，但通常会在关键的节点上尝试提供有价值的服务。 这样既可以有效提高创业企业成功的概率，也不用花费太多的精力。

投资人的每一次投资行为都是建立在很多理性分析基础之上的，在做出投资决策之后，投资人会对所投项目抱有极度乐观的期望。 然而，事情的发展远不会像投资人想象的那般顺利。 所以对那些提供投后服务的投资机构来说，完成一笔投资只是漫长投后工作的开始。 这些投后工作有一部分是相当重要的，这些重要的投后管理行为，对创业公司的稳步乃至跨越式发展起到了重要作用。

一个行业一般不会长时间保持活跃状态，这种时而活跃时而沉寂的特征使得天使投资人很难在一个行业内深耕多年，比如起初投资手机游戏的投资机构可能过了两年就以投资教育行业为主了。 由于在某个行业停留的时间过短，早期的投资人在产业方面能够给予创业者的帮助其实是很有限的。 但是还是会有一些投资人会对投后管理工作进行摸索、归纳，并得出了一定的经验，大大提升了被投企业的成功概率。

投资一家早期的公司，我们通常会给予创业者两到三次的试错机会。为什么呢？一家公司在成长过程中，肯定会遇到一些创业之前没有预料到的情况，从而导致成功概率的下降。如果只有一次试错机会，就很可能错失优秀的创业者。但是每一次试错的节点，对于创业公司来说可能就是转折点或关键点。在这些转折点或关键点上，创业者需要明白这时做出的决策对公司的成败至关重要。创业者尽管有倾尽全力的勇气，但是也深深地明白这些关键决策将影响公司的未来。这个时候，投资人的投后管理就有很大作用。如果投资人对于行业的理解正确，对于企业的经营具有真知灼见，而创业者在独立思考的同时还能听到外界的声音，接受他人的建议，那么投资人提供的投后管理建议就有可能对公司的发展起到决定性的帮助。

一个创业公司发展的过程中都有那么两三个关键的转折点，如果一个投资公司在投后服务上错过了关键转折点，那就错过了提升企业成功概率的关键时刻。投资人如果能够在关键节点给予创业者高质量的建议，能让创业者对自己决策的理解更加完善。 这就像一个在森林里迷路的人依稀看到了一条小路，他心中一阵狂喜，觉得顺着小路前行就有可能走出森林。 但是同时，他看到小路前方出现了两个岔路口。 在这个时刻，如果有人能够建议他到底走哪条路，对他将是莫大的帮助。 在岔路口的选择决定了这个迷路的人能否走出森林。 如果选择了错误的路口，想要再次回到这个路口的代价是非常昂贵的，有些时候甚至是生命的代价。 迷路的人心里明白，很可能他没有再走回头路的机会。 通常，这个岔路口就是创业企业发展关键的节点，而能够在岔路口给予这个迷路的人一点建议的人就是投资人。

在关键的节点，好的投资人会为创业企业提供相应的建议，以提升创业企业成功的概率。 一个好的投资人也肯定希望能在企业发展的每个关键时间点，在力所能及的范围内，推动公司的价值持续地增长。

为了能够在企业发展的关键节点给予创业者有价值的

建议，投资人需要做一些基本的投后工作。 这些基本的投后工作内容包括以下几点。

及时有效地跟踪

投资人在投资一家企业的时候，往往重点关注创业者自身的成长以及被投企业价值的增长。 当投资行为发生后，通常关键的时间节点并不会马上到来。 此时投资人可以通过和创业者的沟通，来了解创业公司的成长情况。 在这个飞速发展变化的时代，创业者需要及时更新对市场的认知，并根据实际情况带领自己的企业前进，如果一个企业没有发展，一定程度上来说该企业就存在着不稳定的因素。 就像在森林中迷路的人过了一段时间，随身携带的食物和水消耗了不少，但是对于森林中的环境的认知并没有更深入，这种情况虽不至于致命，但他走出森林生存下来的概率其实已经降低了。 投资人希望投资的创业者在市场摸索过程中的行动要快，能够尽快地找到那条隐藏在树木中的小道。

什么样的创业公司会让人觉得有可能取得阶段性成功呢？ 那就是有一项核心数据在高速度增长的创业公司。作为早期的创业公司，创始人没有精力和资源去做多方面的尝试。 作为投资人，通常来说仅仅盯着一项核心数据就能够感知到企业是否在成长、成长的速度如何。 只要有一项核心数据在稳定地保持高速增长，对于初创企业来说就是非常可喜的进步，同样也是其取得阶段性成功的关键。

在这里为什么要强调数据呢？ 因为创业者通常都是对未来非常乐观的人，他们也不太希望看到投资人因为听到一些负面的消息，而对企业产生不好的印象。 因此可以给投资人提供一个核心的数据指标，以此来判断创业者和企业的成长情况，投资人就能够做出比较客观的判断。 有时候投资人感觉创业者每次都有新的想法和尝试，好像离成功越来越近了，但是核心数据却没有什么增长。 这时候，投资人就需要对创业项目的发展情况跟踪得更加紧密一些，因为资金和资源与日俱减，但是企业发展却没有起色，也就意味着必定有问题出现。

如果在公司发展的某一阶段，确实没有单一的核心数据，那么投资人在和创业者沟通的时候最好不仅仅和最核心的创始人沟通，也要和其他的创始人沟通。因为最核心的创始人最乐观，其他的几个创始人在看公司的情况时会更加客观一些。投资人通过和多个创始人进行沟通能够更加客观地确认创业者是否有成长，公司是否有实质性的进展。如果投资人对某个项目的进展存在着较大的不确定性，那就需要适当地和客户进行一些沟通，以得出全面客观的结论。

疏导焦虑

我们试想一下，自己一个人在森林里面迷路了，会有什么感受？也许会感到孤独，如果在森林里面走了半天还没有找到出路，除了孤独外估计会产生焦虑。而这种焦虑的情绪对于迷路的人来说几乎没有什么正面的帮助，反而有可能会使他做出错误的决策。创业者在项目上的投入肯定比投资人要多，毕竟投资人会同时投资多个项目。所以如果投资人发现创业者有焦虑的情绪时，一定要做好疏导工作，更不能将自己的焦虑情绪带给创业者，过多的压力会使创业者思维混乱，造成决策失误。

这个时候，投资人需要和创业者一起分析那些导致焦虑的问题，通过讨论问题，找出行动的方向，从而减轻创业者的焦虑。 在这个过程中，创业者和投资人也能彼此建立更深的信任，无论从工作上还是情感上。 当然，投资人的能力有限，有些时候对于导致创业者焦虑的问题可能也无法给出有价值的建议，但这个时候的抚慰和陪伴也很重要，可以让创业者平静下来重新审视自己面对的困境。 沉着冷静的心态会比焦虑更能够帮助创业者找到解决问题的方案。 就比如在森林里面迷路的人到了晚上会更加孤独、恐惧，但是这个时候如果有一盏灯或是有一堆火在身边给他带来光亮和温暖，孤独、恐惧的情绪就会有所缓解，他也更有机会找到走出森林的路。

给予支持

投资人投资的目的是为了增值，通过有效的投后服务，投资人和优秀的创业者可以建立信任，达成共识。 当投资人在和创业者沟通的过程中确信创业者非常优秀，但是项目的发展并不尽如人意时，可以通过追加投资的方式再给创业者一次尝试的机会。 如果创业者在创业的过程中已经对遇到的困难有了新的理解，对失败有了让投资人认同的经验总结时，项目未来成功的概率是会提高的。 但是如果创业者仅仅将创业项目发展的不顺利归于外界或是他人，或是一味地认为自己的决策、执行没有任何差错，那么创业者自身就没有成长，创业项目成功的概率也不会提高。

遇到优秀的创业者是非常不容易的一件事，投资人需要善于挖掘创业者的潜力。 有时项目的失败能成就创业者的成长，而创业者的成长则能带来新的惊喜。 在这种情况下，投资人就需要将目光放得长远一些，不局限于眼下的失败，而是专注于创业者的"可持续发展"，争取能够伴随创业者成长，投资其之后的新项目。 创业者需要投资人的支持和信任才能成功，而投资人需要创业者的成长才能得到收获。 这是双赢的合作关系。

但如果在接触的过程中投资人发现自己投资的项目的创始人和其他创业者相比能力并不是非常突出，项目的发展也并不顺利的时候，投资人要避免感情用事——鲁莽地追加投资。

培育工作

投资人投资的大多数创业者都拥有一定的工作经验，但是一些特定领域的创业者可能对于如何运营一家公司所知甚少，如优秀的设计师、科学家。 这些创业者在创业初期对于公司的发展节奏缺乏应有的认识。 这个时候，投资人需要尽早和创业者确立更高频的沟通机制，帮助创业者对公司的现金流管理产生基本的观念。 在国外有很多创业者导师，这些导师都是在各行各业拥有丰富经验的管理者，这些导师能够极大地帮助创业者提高初创公司的管理水平。 在中国，部分做得比较好的孵化器起到了类似的作用，而如果阅历比较丰富的投资人对特定领域的创业新兵能够普及一些创业的基本知识，对于这些创业者会大有助益。

投资机构虽然没有培育创业人才的义务，但是为了提高创业投资的成功概率，投资机构加大对初创人才的培育力度正成为一个普遍的现状。 带起这个风潮的人是号称"撼动了硅谷"的著名天使投资人保罗·格雷厄姆。 当然，格雷厄姆对创业者的培养主要集中在商业模式的打磨上。 中国的投资人面对的培养任务更重于美国的投资人。

越是早期的项目，投资人越是要通过对创业者的严格把关来筛选。 投资人在挑选创业人才时，主要注重其领导力的强弱，因为创业者在创业的过程中不仅仅要实现自身的价值，还要能带领他人为社会创造价值。 领导力虽然有很大成分是天生的，但是由于领导力的强弱直接决定了创业项目的成败和发展空间，创业者对于自身领导力的提升需要非常重视。

　　另外，对于创业人才的培养是一项系统工程，投资机构不仅要营造浓厚的培养氛围，还要有切实可行的办法。花一定的精力对创业者进行基础性的培育对项目的成功来说非常关键。 一些后期的投资基金由于规模比较大，投资机构通常有能力构建自己的培育体系。 但是对于早期投资机构来说投资基金规模通常有限，想要拥有独立的培育体系，投资机构将面临诸多现实的问题。 随着创业生态环境的不断完善，很多机构会提供各种形式的创业培训机会。早期投资机构往往通过和很多社会组织、企业进行合作，为创业项目提供服务，以便创业项目能够更好地适应社会、适应市场。

　　最后，同一家基金公司可能会投资众多项目，相关的创业者来自各行各业，而且通常具备较强的能力。 通过同一家投资机构投资人的介绍，不同机构和行业的创业者可以有相互了解的机会，可以从彼此身上汲取到更多实用的经验和知识。 其实除了经验和知识的分享外，每个创业者的创业方向不同，创业者之间的交流可以弥合彼此知识上的短板，从而构成了一个非常有活力的创新环境。 一些创业者的成功对后续创业的小伙伴们是一种巨大的激励。 所以，早期的天使投资对于创业者的培育重点不光是投入多少资金，而是通过营造一种创新的社群氛围，让这个社群里的成员互相帮助，彼此成就。

合理寻求资本助力

即使那些甚少提供投后服务的投资机构通常也会在后续融资上帮助创业者。 因为一般来说，投资人在投资领域拥有丰富的工作经验，无论是人脉还是对融资的理解来看，都比创业者有明显的优势。 当然，融资的主要活动还是需要创业者自己主导，只是在这个阶段，投资人通常能够明显地加速融资的进程。 只要创业项目有了后续投资机构的投资，通常会得到更多的服务，因为中后期的投资机构有更多的资源和精力分给进入这个阶段的为数不多的项目。

初创公司要获得不断地发展，通常需要多轮投资相助。 一个初创公司是否能够成长为大中型公司，融资是否顺利很关键。 以下是投资人所需要了解的投资要素。

（1）商业计划书

帮助被投初创公司获得后续机构融资的第一步是复盘公司自获得投资后所做的事情： 哪些事情做对了，哪些事情做错了？ 为什么做错了？ 是因为市场发生了变化还是预期的准备工作不足？ 公司的进展和当初的预期符合吗？ 公司下一步的战略是什么？ 是什么在支撑着这个战略？ 创业公司只有对过去做一个阶段性的总结思考，才会更清楚自己的未来。 一个拥有比较清晰未来的公司才有较大的概率获得后续投资机构的支持。

有一些创业公司会在商业计划书上过度美化自己的项目，这是天性使然。 但是这种过度美化的项目获得后续融资的概率不一定高，因为获得融资本质上是获取投资人的信任，如果投资人对创业公司在商业计划书中所描述的真实性产生怀疑，即使项目的前景不错，投资人也会放弃投资。 如果创业者对项目的预测过于笃定或者预期的数字过于乐观，也会引起投资人的警觉。所以初创企业的商业计划书只有真实地呈现公司的过去和现状，投资人对未来的预期才会更有信心。

（2）合理的估值

创业者通常对公司的估值有着执拗的坚持，因为公司的估值是创业者工作价值的度量。往往投资人对估值的判断更加客观一些。资本是用来助力项目成长的，创业项目在没有完成商业闭环、持续盈利之前，估值是非常虚的。即使是一些所谓的独角兽公司也会经历下一轮的估值比上一轮还要低的情况。投资机构对于市场上融资的难易程度会比创业者的判断更加准确，它们通常会以项目的最终成绩为基准进行判断，因此它们在融资的额度和估值上也会理性很多。

（3）投资人的推介

项目的投资人拥有自己的人脉圈，投资人之间互相推荐的项目通常情况下会比其他人推荐的要更加优秀。因为多数投资人与后续投资人会在不同的项目上有一定的合作，所以彼此间的项目推介会更可靠。 另外，如果投资人凭借彼此间的信任、合作关系推荐一个发展前景不好的项目拿到了其他机构的下一轮投资，这将影响该投资人在圈子里的口碑和声誉。 投资人一旦想清楚这个道理，推介也就更加谨慎了。当然如果给合作关系好的投资人推荐的是有潜力的好项目，这不仅能能使大家共同盈利，还能增进彼此的合作友谊，达到双赢。

此外，当创业公司拿到后续投资的时候，已有投资人帮助创业者审查一下投资协议中的条款也是作为老股东应该做的。

第三篇

一个投资人眼中的潜力股

第九章　剖析创业企业的创新

法国经济学家萨伊对企业家的定义是：

企业家是敢于承担风险和责任，开创并领导一项事业的人。

企业家承担的不是一般的风险，而是关系多人利益的风险，"开创并领导一项事业"意味企业家做的是前人、同行没有做过的事，如果做同行和前人做过的事，这是小生意人或是职业经理人，而不是企业家。承担这种独特的风险，并对后果负责的人才能被称作企业家。

创业者就是企业家的初级阶段。 天使投资人承担的风险同样是关系多人利益的风险，天使投资人做的是陪伴这些未来的企业家"开创并领导一项事业"。 要"开创并领导一项事业"必须要有创新，做前人和同行没有做过的事，就是创新。 而恰恰就是这个创新让很多企业感到最困惑，创业企业亦是如此。 一些传统行业的人说"不创新是等死，创新是找死"，可见创新的不易。 对于创新，不同的人有着各种各样的理解和认识。

彼得·德鲁克在《创新与企业家精神》一书中系统地讲述了什么是创新、创新的重要性以及如何进行创新。 书中首先描述了一个大趋势：

> 20 世纪七八十年代，美国经济从管理型经济彻底转变为企业家经济，表现为大型企业在经济中的重要性逐渐降低，中小企业成为创造就业的主力，中型成长型企业的销售和利润的增速远高于大公司。

德鲁克在书中描述的这段时间对应着美国服务业的开始，经济成分中服务业的成长速度远远超过了制造业。 系统化、精细化的管理是大型企业的典型特征，大型企业也通常具有更加刚性的组织结构，对外界市场的信息反馈没有那么迅速。 当面临快速变化的市场环境的时候，就像巨大的恐龙遇到了剧烈的气候变化，可能会产生灾难。 而中小企业通常机制比较灵活，对市场上变化的讯息的接受、处理和反馈的速度都会比大型企业快得多。 这导致的结果就是大家常说的：不是大鱼吃小鱼，而是快鱼吃慢鱼。 科技企业的创新同样遵循着"快鱼吃慢鱼"的规律，甚至表现得更加明显。 很多年前，一个高科技公司的闪亮登场通常意味着快速扩张、垄断市场。 但是如今这个现象已经不复存在。 高科技公司总是有着很多的竞争对手，如果竞争对手能够有效地切入市场，凭借着更加快速的行动占有市场，原有的高科技公司往往并不能占据太多的优势。 现在一个高科技公司如果不能够持续性地创新，便会如同 Nokia（诺基亚），Yahoo（雅虎）这些公司一样——曾经如日中天，但是最终却日薄西山。 在投资界，"快鱼吃慢鱼"的现象也使得在很多领域里天使投资基金比传统的风险投资基金更有竞争力。 在中国以效率为驱动力的制造业已经发展到了相当的水准，企业对科技创新驱动效率提升的需求正在变得更加迫切。 供给侧改革的本质其实是企业自身自发内省地从用户需求出发，提供能够更好地满足用户需求的产品和服务。 这里强调的是内驱力，这个内驱力就是创新的基因。

对于一个创业企业，创新的基因主要有两个，一个是异质性的元素，另一个是宽容的文化。

创新的基因一： 异质性的元素

创新，顾名思义是创造出新的东西。 圣经上说：上帝创造世界是无中生有。 对于人类来说，我们需要的是组合和变化的能力。

中国历史上有句很有名的话叫作"外师造化，中得心源"。"外师造化"讲的是我们要向周遭的事物学习，而"中得心源"讲的是自己要好好揣摩事物之间的联系。 孔子说的"学而不思则罔，思而不学则殆"，其实是一样的道理。 学就是外师造化，思就是中得心源。

麦当劳的创始人克罗克原来是冰激凌机的推销员，他发现加州一家汉堡店向他订购机器的数量长时间地超过其他零售商。 后来才知道这家汉堡店店主搞了一项革新，把原来在一个工位上完成的汉堡制作分解成流水线作业，类似福特的汽车生产流水线，速度快，客户等待时间短，因此生意兴隆。 克罗克觉得这是一个了不起的发明，于是买下了这家汉堡店，并按照这个店的模式复制、扩张，由此诞生了麦当劳。 克罗克的创新就是典型的"外师造化，中得心源"。

更多的创新是在透彻理解了某一事物的实质以后得出来的，偶然得之的创新不会长久，更难在创新之上有新的突破。 一个人的见识和思考能力总是有限的，不同的人在一起进行有效沟通会更容易唤起创新的灵感，所以说创新需要有异质性元素的存在。 相同的东西混在一起，是不容易产生创新的。

科学管理之父温斯洛·泰勒的科学管理理论提出以后，生产线的效率被提升到了极致。 与生产线相对应的是工作室。 生产线上的人都对某一步骤非常熟悉，而对另外的步骤几乎一无所知。 而工作室由于人员少，一般是一条龙服务，工作人员对每一个步骤都熟门熟路。 各个不同的步骤就相当于异质性的元素，因此工作室的构成是利于创新的产生的。 生产线上产出的面包和工作室里产出的面包分别是固化和创新的代表。 对于个人来说，知识更广博些，实践再丰富些，一定有助于我们创新能力的提高。 读万卷书，行万里路，不仅让我们更好地了解这个世界，也为创新打下一个好的基础。 一个公司要想有更多的创新产品产生，可以通过让员工的工作范围更大些，让不同背景的人在一起工作，抑或是轮岗等方式来达到目的。

创新的空间是无限的。 不同的颜色、布料和剪裁可以做成各种时装。 不同的化合物组合在一起，产物也会不同，更何况人们的不同思想呢？ 创新就是要把能够产生反应的东西放在一起。 但是如同化学反应一样，在不同的温度、压力下，同样的反应物也会产生不同的产物。

我曾投了一家叫艾尔文网咖的公司。 公司发展越来越好的原因是一直有不同背景的人才加入，这些不同背景的人才就是艾尔文网咖的异质性元素。 一个经营网吧的创始人和一个负责网吧运维的创始人在一起做网吧，使得网吧在升级为网咖的过程中的 IT 支撑远胜同行竞争者。 随后曾经做过 4S 店管理的同事加入，使得单店的运营效率大为提升，开店的模式也实现了标准化。 我也期待着这家公司在未来能够有爆发式的发展。 这个例子生动地体现出创新是如何一步步产生的： 不同背景的人在一起，产生了新的思维，新的思维最终促成了新产品和新商业模式的产生。

创新的基因二： 宽容的文化

我们大力提倡创新，那么究竟什么样的环境才有利于创新？ 创业企业是否有创新的环境和文化基础呢？

为了使异质性的元素有更多接触的机会，我们需要创造一种平等的环境。 在企业内部，通常有两种不同的知识信息流向存在。 第一种是从上到下或是从下到上的流动，另外一种是企业中各个部门之间的流动。 组织的扁平化有

助于第一种信息流流动，组织的流程协作导向有益于第二
种信息流的流动。 然而这些方法本身还需要有宽容开放的
文化才会起更大的作用。

创新的层次

创新有很多种： 渐进式创新、破坏性创新、商业模式
创新等等。 因此我们有必要对创新的层次做一个简单的分
类，以明白讨论的问题是否对焦。

简单来说，我们可以把创新分为战略、商业模式上的
创新，产品技术突破上的创新和工作上的渐进式创新。 一
般来说，创新的不同层次所对应的人是不同的。 战略、商
业模式上的创新一般是 CEO（首席执行官）和高级主管才会
关心的事。 而产品技术上的突破则归中层经理负责。 那
些工作上的渐进式创新是每个人都应该做也能够做的。

首先，来谈谈最低层次的创新——在工作上的渐进式
创新。 有一种说法说日本和新加坡没有什么创新的精神，
但是如果我们以上面的标准来划分创新的层次的话，日本

和新加坡至少在渐进式的创新方面做得很好。 渐进式的创新和有创意的关系不大，只要员工有归属感，有职业精神，就能够在渐进式创新上有所作为。 而很多公司在打造员工归属感和职业精神方面存在着较大的欠缺，其中外儒内法的思想内核应该是最大的障碍。

其次我们来看在产品技术上的创新。 产品技术上的创新可能来自天才工程师或是优秀的研发团队。 如果事情比较简单，单靠一己之力能够做好，很多企业做得其实不错。 但谈到团队，中国人的沟通习惯和服从权威的文化根基大多数情况下注定了我们在打造创意团队时的无力。 在事业未成之前，团队中应该有一些基础性的创意产品产出，一旦事业有所成就，出现了阶层性的划分时，就基本上是创意衰退的开始。

最后是战略和商业模式的创新，这对 CEO 来说是最有吸引力的也是其最为关注的地方。 但是战略和商业模式的创新是不易的，因为不同的战略和商业模式所对应的组织结构和管理模式是不同的。 盲目的模仿，或是不考虑自身情况的创新无异于削足适履、东施效颦。战略和商业模式很容易被理解，但是很难被复制并进行创新，根源就在于组织的资源是千差万别的。组织的硬资源、人才和管理合在一起才能使战略和商业模式的创新有所依托。

创新的两条路径：产品化与服务化

创新本身不是目的，而是提高效率的手段，效率最终反映在财务指标上，而终极的财务指标就是利润。如果创新最终不能获得市场，不能增加利润，那要它做什么？创新未必需要利用高科技自上而下地进行，在传统行业也可以利用高科技自下而上地进行创新，照样可以提高效率。

公司大体上分为两类：一类是产品型公司，另一类是服务型公司。简单地看，产品型公司的可扩张性非常强，而服务型公司的可扩张性就比较弱，可替代性也比较弱。在我们投资的公司中，纯粹的产品型公司或纯粹的服务型公司几乎没有。因此我们又可以把公司简单地分为两类，一类是在产品上叠加服务，另一类是在服务上力求标准化、分包化。 前者我们可以称为将产品服务化的公司，后者我们可以称为将服务产品化的公司。

对于产品型公司来说，因为可扩张性强，以及产品的优势和规模效应，很容易形成寡头垄断。 但是可扩张性强对于竞争对手来说也同样适用，所以说在市场上一个产品迅速占领市场，然后又迅速消失的情况屡见不鲜。 很多科技产品都有这样的特征，比如 Nokia（诺基亚），HTC。 为了让产品不是那么容易被替代，像苹果这样的公司就在产品上叠加了很多独特的服务，比如说苹果手机的应用商店。 因为叠加了独特的服务，使得想要替代原产品变得没有那么容易。 还有一种情况是尽量把产品做得独一无二。 一些内容比较独特的产品就属于此类，比如，游戏中的《啪啪三国》。

服务类公司比较难以扩张。 一个产品的辐射半径可以达几千公里甚至全球，而一些服务类公司的辐射半径只有几公里，比如商场超市，甚至只有几百米，比如便利店。但是只要市场足够大，就可以利用专业化分工使得服务尽量标准化，同时在服务标准化的过程中极大地提升效率。

在投资中，有一类巨大的机会在于将服务的内容标准化和产品化。

这里面有一个悖论：越是简单的服务越不容易扩张，比如修锁匠的服务很难扩张，因为这类服务在标准化、产品化的过程能够提供的价值非常有限。另外，越是复杂化的服务越难以标准化，也不容易扩张，比如说麦肯锡公司提供的咨询服务。

将服务标准化、产品化，即将服务效率提升通常有以下几种方式：

集中需求。一项服务虽然本身需求频率不高，但是影响巨大，而能够提供优质服务的技能是需要长年积累的，比如医生、律师、咨询师等行业。

众包服务。如很多 UGC(User Generated Content，用户原创内容)的网站有众多编辑，其实就是免费众包了。

在地化。有些必须由人提供的服务需要由当地服务商提供，而标准化的产品则由一个集中的公司提供。如一些餐饮店的连锁加盟店、途虎养车网之类。

标准化。 如果说细分的领域足够大，就可以用标准化的模式来解决有同样需求的一部分问题，如行业类应用软件。

我们常常可以看到，有一些公司利用技术的进步将原来的服务模式转化成为产品模式，从而使得辐射半径和可达到的市场规模大大扩大。 技术的进步也会催生一些产品出现新发展，如用于照片收藏、分享的微相本，用于名片识别、扫描的脉可寻。 当然，产品扩张过后需要迅速叠加服务。

从大的趋势看，产品的提供者容易形成寡头垄断，服务的提供者更有可能是在地化中的小商家。 服务形成网络，产品产生节点，我们应该对能在产品上叠加服务的公司持更为乐观的态度。 总之，服务提供黏性，产品提供效率。 只有将两者有机地结合起来，才能够给用户提供更大、更长久的价值。

第十章　学会借鉴投资案例

格知的案例

我们投资过一个移动端的时尚媒体 App——格知。为什么选择投资它呢？从创新的角度来看，我们认为随着移动互联网的普及，时尚媒体会从纸媒迁移到移动端，而由于移动端产品的诸多特点，简单的迁移很难取得成功。那些传统的时尚媒体会由于缺乏科技元素，做不出为客户所接受和喜爱的产品。而科技公司根深蒂固的工程师文化也排除了那些顶尖时尚人士加盟的可能。 可在格知的创业团队里，有一名曾在时尚芭莎做内容编辑和一名曾于新浪微博就职的产品经理，而且难得的是这位产品经理是个毕业于上海戏剧学院导演系的时尚达人。 在这个团队里，我们看到了科技和时尚的完美统一。 时尚没有压抑技术对其进行新的表达，技术也不会主导时尚的内容创作。 我们迅速地做出了投资的决策。 后来，格知果然做得很好，曾经长期排在苹果商店的媒体类 App 第一名。

读懂真实的投资原因

关于投资的真实原因，我们是不容易获知的。 投资的逻辑是投资人和投资机构的核心知识，并不会有太多的投资人愿意无私地和大众分享，所以我们在平时思考总结这些案例的时候，往往难以得到真实的答案。

我们平常能够看到的那些关于成功案例的分享，通常来说分析的重点非常突出，对需求、战略和执行都思考得非常清晰，好像在创业之初、投资之前，投资人和创业者就对后面的变化已经了然于心，整个创业过程看起来就像是经过精准设计的，直接将创业公司引向了最后成功。 从探索市场需求到确定战略愿景，到搭建一个强而有力的合伙人团队，一切都井井有条。 但是实际上的投资过程，往往不是这个样子的。

那为什么投资人写出来的投资案例基本上都是大智大勇、神机妙算的呢？ 这倒不是因为投资人故意歪曲，其实是因为投资人在投资成功后，原先的很多判断信息已经不再重要，所以就被他忽略了。 投资人在回顾案例的投资过程时，当初所经历的很多岔路和危险，已经被大脑选择性地忘记了。 大脑在回忆的时候总是选择把投资过程简化，这直接导致了大部分的投资案例被归纳成一条阳关大道，但是实际上这并不是真实的。

当然，我并不是要否认这些优秀投资人所总结的成功案例的价值，因为我自己也看了很多这样的案例分享，而且我相信很多投资人都通过这种方法互相学习。 我想强调的是——表面地去看这些成功案例的经验分享，其实并不足以让我们全然了解投资人投到一个成功项目的原因，如果不能真正还原一个投资人投资成功项目的思维逻辑，我们就像入宝园而空手回一样可惜。有机会的话，我们应该打破砂锅问到底，多做一些功课，试图找到优秀投资人投资经典成功案例的触动点、敏感点。

投资人在看创业项目的时候，从某种程度上来说是带着非常多杂乱无章的信息的。投资人所获取的信息是有限的，对行业的了解在开始的时候也是非常肤浅的，但是这并不能排除投资人有可能看到了创业项目中一些令人兴奋的亮点。比如，项目和投资人以往投资的成功案例或是投资人对趋势的判断产生了碰撞和共鸣：这个项目和过去的那个成功项目有很多相似的地方，这个创业项目可能可以从某个地方切入，创业项目发展的过程中有一个衍生的价值挖掘点。这是投资人的想象力，往往也是投资人投资冲动的来源。这个思考的过程便是联想。联想的过程受限于投资人过往的经历、看过的案例，受限于投资人对抽象创业项目的理解能力，受限于投资人对投资案例的积累和梳理的程度，也受限于投资人对具体创业项目的认识程度，有时候还受限于投资人的心情以及对具体创业案例感兴趣的程度。

投资人在和创业者沟通的时候，通常也会试着推演一下随着时间的变化创业项目会怎样发展下去。 就像下围棋一样，虽然围棋只有黑白两色，规则也非常简单，但是棋盘上的推理却变化莫测。 我们关心的不应该仅仅是棋局的结果，而应该是整个推理的过程。 优秀投资人推演的整个过程才是对我们最有价值的。 当然，再优秀的投资人推演的最终结论也不可能百分之百正确，只是正确的概率会高一些。 此外，我们也要学习优秀投资人在项目推演过程中如何放弃了看起来可行的演进路径，这些讯息对我们的投资更有价值，也更有帮助。

对处于起步期的企业来说，企业的发展路径可能是发散的，发展的过程中存在太多的不确定。 在联想的过程中，有效的联想才是真正的兴奋点。 我们会把这个令自己兴奋的点记下来，而那些无效的联想，也就是那些不能够令自己兴奋的点及其相关的信息，我们的大脑会选择性地隐藏和忽略。推演的过程也类似，就像我们试图解决一道数学难题，可能的解法有很多种，但是一旦我们找到正确的解法，所经历的各种弯路很快就会被遗忘，记住的只剩下正确的路径和推导。

绝大多数投资人在研究创业项目时的联想和推演其实不一定能够意识到这些思维过程，更大的可能是投资人不知不觉、无意识地在运用这些思维。当投资人通过跟创业者进行沟通交流，加上投资人自己的推理和联想，最后很可能会找到一个有爆发力的优秀创业项目。当错过一个好案子的时候，投资人常常会感叹：为什么我没有看出来那个案子是一个好案子？为什么我当时没有投这个案子？为什么别的投资人投到了这个好的案例？仿佛是在一念之间，投资人错过了优秀的创业项目，但其实是因为我们并不知道那些优秀投资人的思维过程。

如果我们把一个创业项目的案例当作是侦探破案来分析，投资一个项目的过程其实可以被写成一部侦探小说。

小说里面的破案过程是最精彩最有价值的部分，而案子的结局到底是怎样倒在其次了。 别人的成功案例其实与我们无关，我们需要了解的是优秀的投资人是如何在联想和推理中判断出这是一个好案子的。 看很多侦探小说的开头和结尾是无法提高破案的水平的，推理过程看得多了才有可能提高破案的水准。 我们尤其要注意到，侦探小说中大量的无关信息已经被省略了，在实际的破案过程中会面对更多纷繁复杂的干扰信息。 同样的，投资人在讲述成功的投资经验时，往往会将那些影响自己判断的复杂信息进行过滤，实际的投资过程往往更加复杂，判断的难度也更具有挑战性。

把握学习的方法

我们在观察学习其他的优秀投资案例时，需要把握几个极其重要的方法。

第一，遵守投资纪律。 每个投资人都有自己的投资纪律。 这些投资纪律需要投资人自己一条一条地总结，这种总结往往发生在失败之后，只有面对挫折，我们才会真的有所感悟。 比如大多数基金都有的一条投资纪律： 单个项目的投资金额不超过基金可投资金的10％。 但是投资人在看到一个非常有潜力的项目时，即使该投资金额超过基金可投资金的10％时，还是会有投资冲动。 再比如，有的投资人看到了特别优秀、近乎完美的案子时，却并不打算投资。 因为这样一个看起来有着巨大回报而没有什么风险的创业项目极有可能是一个陷阱。

第二，独立完整的逻辑体系。 我们在学习优秀投资人案例时，不能丢掉自我。 在学习的时候，要注意形成独有的比较完整的逻辑推演体系，当然在形成体系前我们有的可能只是一些要素信息。 比如说某一类的项目，需要有三个成功要素才可能成功。 如果投资人只看到了两个成功要素没有意识到第三个，这种情况下犯错的概率就会比能够全面掌握成功要素的投资人要大一些。 有着较为完整的投资思维体系且对特征项目要素理解比较全面的投资人通常不会犯比较低级的错误。 学习是一个积累的过程，任何投资人都可能犯过所谓的低级错误，特别是在做投资的早期阶段，这种情况发生得会特别多。

一个典型的情景是： 投资人刚刚跟创业者聊完项目，突然发现还有很重要的问题忘记问了。 这实际上反映了投资人的整体思维体系和对这类案子的关键要素把握得并不是那么清晰。 要避免这样的情况频繁发生，只能多多积累、归纳和总结。 投资人需要思考整个商业闭环是如何完成的，否则很容易只见树叶不见森林。 比如说两家竞品公司都是用微信广点通在做营销，结果一家赚钱，另外一家并不赚钱。 创业项目失败的原因并不一定是用微信广点通不对，更有可能是自己的产品没有竞争对手的产品那么受消费者喜爱。 投资人需要对创业项目的整个商业链条都进行仔细审视，才有可能知道导致项目失败的真正原因是什么。

当明白了大量过往案例和项目的成功要素或典型特征时，我们就会在更加本质的层面上进行更多的关联，这样才更容易判断出项目到底哪里好，哪里不好。 我强烈建议大家在看完项目后做相应的笔记，因为笔记可以帮助投资人记忆项目的成功要素，避免出现遗漏，而且自己的投资逻辑体系也会更完整。

最后一点，投资人在看创业项目的时候通常主要的工作是推理而不是联想。很多投资人在看案子的时候会产生非常多的联想和投资人自己对创业项目的一些理解，也经常会产生一些奇妙的点子，忍不住要告诉创业者该如何切入、如何布局，但是其实投资人在和创业者进行沟通的过程中真正应该关注的是推理本身。投资人即使有非常精妙的见解，创始人也可能意识不到这个见解的价值。大多数投资人总是会进行过多的联想，而对商业逻辑推理本身缺少必要的重视。但这里需要澄清的是，创业者对于创业项目的联想也是非常重要的，只是不能过多地停留在联想层面。

抓住学习小窍门

在对成功案例的学习过程中有几个需要比较注意的小窍门：

　　首先，就是要找到最早出现的相似成功案例的投资人。他们之所以投资这类项目的原因是什么？我相信这些早期的领头羊是在其完全独立的思考下进行投资的。这些投资人应该是找到了这类项目真正的敏感点，当然除了敏感点外，推演的逻辑也肯定没有问题。对于后续出现的类似案例的投资人，极有可能是在前人的基础上进行判断的。因此我们需要找到某类案例的最早期成功人士，再对其进行学习、借鉴。

　　其次，当我们在观察学习早期成功案例时，要尽量收集更多的优秀投资人素材，试图找到投资人投资这个项目的底层逻辑。这里说的底层逻辑不是肤浅地看一两篇文章就能够找到的。优秀投资人投资这个项目的真正原因需要我们深入思考，仔细琢磨。新石器时代的工具制造和旧石器时代的工具制造的主要差别就是新石器时代的工具引入了琢、磨两项技巧。这两项工具制造的技术使人类历史往前走了一大步，而在投资思考逻辑中的"琢"与"磨"，则是优秀投资人和普通投资人的明显界限，没有深度思考能力的投资人想在投资上胜过有深度思考能力的投资人，就像是旧石器时代的人类想要战胜新石器时代的人类一样——目标可以有，但是永远达不到。

最后，需要反复提及的是我们在观察学习优秀投资人的投资逻辑和投资体系的过程中，千万不要迷失自己。我们需要通过不断思考来努力建立自己的投资逻辑框架，虽然很有可能最后的框架和那些优秀的投资人的框架是大同小异的，但是如果没有自己的这种思维整理和推理归纳的过程，即使是同样的框架，使用起来的效果也会相差很远。练个花架子的武术爱好者和有深厚内功修为的武士外表即使使出来的招式都非常相像，但是他们的功力是不在一个层次上的。有句话叫作"练武不练功，到老一场空"，说的就是这个道理。投资人的浅层思考就像是武术里的花拳绣腿。一些江湖骗术在表演硬气功时往往用的是触手即碎的瓦片、脆性很强的大理石和扔到水泥地上都会摔断的生铁。江湖骗子对自己的斤两有着清醒的认知，断然不会不自量力去挑战结实的石头和钢筋，但是很多投资人对自己的能力深浅没有自知之明，相信浅层思考也可以为自己带来丰厚的回报，结果很有可能会失败。

在这个巨变的时代，投资人面临着巨大的挑战。 很多年轻的投资人对于创投本身充满了强烈的渴望，希望吸取非常多的知识和信息，想看尽量多的案例。 但是做投资和做大部分的其他事情是一样的，最基本的原则还是需要在学习案例的时候深入地了解几个案例，等到精通了这几个典型案例，有了一定根基之后，再去看别的案例才比较容易融会贯通。 沉下心来把几个投资成功的经典案例研究透，建立起一个比较好的基础，再去看别的案例。 否则重量不重质，不求甚解，表面上看似学到了很多，但是实际上一个案例都没有了解透，这样不仅思路也不会清晰，同时还自以为自己什么都懂了，什么都了解了些，但是实际上并没有投资的判断力。

我们在试图将几个经典案例搞清楚的过程中，一定要放弃速战速决的想法。 思考本身就需要非常多的投入，当我们真正看透一个案例之后，今后遇到同类案例也会更胸有成竹，同时还能发觉别人所看不到的关键点。

　　能够通过自身的思考发现那些别人看不到的关键点，这就意味着我们的学习有所成果，深度了解一件事情的本质比浅显地了解很多事情的表象要有价值得多。我们可以通过自我反问案例的底层逻辑的形式，来检验自己对案例的理解程度。此外，还有一个好的检验方法，将你理解的案例逻辑讲给你身边做投资的朋友听，如果你找不到人来分享，也可以把自己对这几个案子的理解写下来，这时候你就较容易发现自己理解上的漏洞和不完整的地方。我们看到经典案例的时候，就像看到了一个数学定理，定理固然完美，但是证明的过程才更有价值。但这就要求功力要更深一层，可以叫作知其然更知其所以然。

　　知其所以然的好处是让我们真正理解了案例中最敏感的地方，就如同我们在证明一个数学定理的时候，总是有一两个点是非常关键的。只要把这一两个点理解了，我们就可以非常容易地证明这个数学定理。另外，在做数学定理证明题的时候，我们常常知道推导的大体过程，但是推导过程中需要假定的条件往往容易被忽略，所以前提条件是解决数学定理证明的关键。 我们在做早期投资看到一个创业项目的时候，有时候我们的逻辑是对的，但是对于条件的假设是错的；有时候假设的条件是已有的，但是在商业底层逻辑的关键点上又无法自圆其说。 所以我们应该全面了解案例成功所要具备的外部条件、内部条件和商业实践中可能面临的挑战，以及这些挑战如何在符合商业底层逻辑的情况下被克服。 只有深度地理解经典案例后，我们在看到类似案例的时候才可能判断出案子的好坏，因为真正关键的敏感点就在那里，已被摊开来让我们仔细地审视。 只有自己做过深度的推演后，才能够较为容易地理解其他案例。 比如对于线上与线下相结合的服务项目，如果在深度的推演后发现新模式的成本和传统行业的成本对比是判断这类项目商业逻辑是否成立的关键点，那么我们就不会被各式各样表面看起来很有市场的项目所误导。 因为我们推演过，知道推演的过程和关键点，所以底层的逻辑越来越清晰，判断也越来越简单。 这样我们才有可能具备他人所不具备的敏感性，对商业逻辑运用起来也会更加得心应手。

我开始做投资的时候，年纪已经不小了，记忆力等方面肯定不如更年轻的同行。有一次，我和兄弟机构一起去看项目，我发现同行对项目相关信息的掌握非常丰富，对项目的竞品了然于心。看到这么优秀的同行，我产生了非常悲观的念头，觉得自己真是入错行了，入行也太晚了。一方面，随着年龄的增加，记忆力在衰退；另一方面，作为投资人每天要面对非常多的信息，看很多和创投相关的新闻，然而自己真正能够记下来的东西却不多，当时真的有一种深深的恐惧感。但是后来，我慢慢发现，自己虽然在获取信息上没有办法做到像年轻的同行一样，但是如果换个角度来看，把这些信息转换为知识，变成自身的一种储备，也是一种优势。信息本身并不是知识，只有经过总结的信息才可能形成知识。别人的知识对于我们也仅仅是信息，只有我们将别人的知识经过总结转化之后，才能形成自己的知识。而有了这些知识后，我们才可能有自己的见解。 所谓的知识和见解，其实就是深层一些的商业逻辑。

我觉得所有的商业逻辑的推演都是基于需求定理，但是要将需求定律掌握透彻是非常不容易的一件事情，甚至可能永远都没有办法做到。 就像是一个人破案特别厉害，我们除了要了解他破案的过程以外，还要了解破案过程的背后，即他为什么是这样破案的。 对过程背后的东西有自己认知的时候，我们就会接触到更本质的东西。 不同的事物虽然表象不一样，但是对于我们来说，本质是一样的，一旦我们在看创业项目的时候能有这种感觉，我们就是走在正确的道路上，并已经摸清了一些门道。 对于投资项目来说，虽然各个项目的情况千差万别，各自的亮点也不同，但是对于优秀投资人来讲，投资的底层思维逻辑不会有大的变化。 关于对项目理解的层次这个问题，可以这样来比喻： 我们在探索一个纷繁复杂的外部世界时，眼中看到的是丰富多彩、千变万化的世界，但是如果我们能够再往下看深一个层级时会发现，物质都是由分子组成的，而分子又是由原子组成的，原子下面还有原子核和电子。 而且我们从肤浅进入更深层次的这个过程是非常缓慢的，有时候也充满了偶然性，就像是牛顿被苹果砸到了头上从而发现了万有引力一样。 投资人在思考商业逻辑的过程中可能会遇到一些特殊的案子，经过深度思考后将自己对于商业的理解往深推进了一个层次。

对于投资人来说，对于底层商业逻辑的了解和思考加深了我们对这个纷繁复杂且变化着的商业世界的解释能力，这种强大的解释能力是我们投资到好案子的根本。 归根结底，我相信一切投资都归于需求定律。 但是每个人对于需求定律的理解都是不同的。 就像对于同样的数学定理，有些人只知道定理本身，有些人可以用很笨拙的方法证明定理，但是有些人却可以用很巧妙的方法证明。 证明的方法不同，反映的数学功力的深浅也完全不一样。 只有自己独立思考，从肤浅的层次进入较本质的层次时，我们对商业投资的判断力才可能有本质性的提高。

了解事物诞生的过程是非常有价值的，比如说在 PC（Personal Computer，个人计算机）时代，我们需要了解软硬件是如何互相促进的，硬件和软件的关系是怎么样的。如果我们对于这些问题的起源和演变有着比较完整的理解，那么在互联网的时代对于很多机会的把握就会更具有前瞻性。成为一个更加优秀的投资人可能要对 PC、互联网、移动互联网之间的不同有清晰的认识，但是对于绝大多数的投资人来说，只要了解这些事物和产生时代的关系就足够发现很多机会、把握很多机会了。

很多游戏的投资人好像是偶然间投到了很好的案子，其实他们也是像创业者一样殚精竭虑，才淘到了好的项目，当然不排除运气的成分。但是如果仅凭好运做早期投资，就像一个赌徒去赌场碰运气——几乎是没有什么胜算的。我们在看成功案例的同时也需要学习一些失败的案例，理解那些失败的案例为什么失败比了解成功的案例为何成功往往更加重要，因为成功难以复制，而同样的错误却往往可以避免。如果我们能够将同时期的成功案例和失败案例做一个比较的话，就有可能对它们成功、失败的原因理解得更加深刻。

创业市场上有非常多的信息，也有非常多的成功案例。这些繁复的信息和成功的案例对投资本身并没有太大的帮助，并不能显著地提高我们投资成功的概率，我们只有对这些信息进行加工，使之成为我们知识的一部分时，才有可能提高我们的判断力。对于经典案例的深刻领会能帮助我们了解投资的底层商业逻辑，而对错误案例和失败案例的深入分析往往能够让投资人得到更多有价值的信息。

第十一章　看当下投资热点

　　不论市场环境如何，总会有优秀的创业公司出现。 投与不投，是个选择；看与不看，却没有选择。 我们要留在这个市场里，就必须保持对早期项目的敏感性。 价值投资者常说一句话："闪电打下来时你必须在场。"天使投资人所要做的事就是随时保持警惕，不要远离市场，当判断机会来临的时候，果断出手。

下一个风口是什么

雷军经常提到一句话：站在风口上，猪都会飞。

雷军这句话是为了说明创业成功的本质是找到风口、顺势而为，所以他创立的基金名叫顺为。创业要找到风口，投资也要找到风口，然而找到风口的过程却没有那么容易，很多时候风口是等到的，而不是找到的，因为一旦人们对一件事情已经有了共识，风口形成了，创业的机会就已经没有了，早期投资的机会也基本没有了。风口是中后期投资机构的机会，对创业者和早期的投资机构来说，如果跟着风口做投资，就是盯着汽车的后视镜开车，这是非常危险的。

早期投资机构的机会主要来自技术驱动下的服务和产品创新。比如共享单车之所以成功就是充分利用了移动技术带来的产品创新。这个创新有可能解决的是个人需求，也可能解决的是企业需求。技术刚刚出现时，会解决市场上的一部分刚需。随着技术的逐渐普及，消费者的更多需求就会在这个阶段被解决。 在技术已经充分普及后，只有一些小众的边缘市场存在机会，这个时候已经不是创业的最佳时间点了。 比如移动导航的市场就是在智能手机还没有普及的时候出现的，当智能手机略为普及后，因通信需求被激发出来微信应运而生，再之后，智能手机大规模普及，各种与衣、食、住、行、健康、娱乐相关的机会诞生。总会有一些公司在这些机会中脱颖而出。 如果在某些领域，连一家成功的创业公司都没有出现的话，后续的创业者想要做起来的机会也不大。 如果用《跨越鸿沟：颠覆性产品营销圣经》的作者杰弗里·摩尔的观点来诠释风口的定义，那就是：

> 在早期大众即将接受一个与技术相关的产品时才是风口，当后期大众准备接受这个产品的时候，创业者和早期投资人的机会已经远去。

常常有人问，下一个风口是什么？ 人们常常感觉到处都是风口，却都晚了半步。 比如早期投资做得相当不错的中路资本公司(上海中路集团旗下的专业资本公司)，不仅有对早期投资的理解，也有自行车产业的相关背景，却没有抓住共享自行车第一梯队的摩拜单车和 ofo 的投资机会。风口来的时候，创业者要么像摩拜单车的创始人一样敏锐，要么像 ofo 的创始人一样在行业里面已经摸爬滚打了一段时间，除此之外，那些想挤入风口的创业者和投资人成功的概率都比较渺茫。

为了增强对未来的判断，我们需要有更广阔的视野。我认为应用创新、模式创新的尽头是技术创新，技术创新的尽头是科学发现，如果一个投资机构投的项目是偏技术创新的，那么该机构在科学发现方面持续跟踪，就比较容易发现潜在的科技创新，而主要目标在应用层面、商业模式层面创新的投资机构更多需要关注一下技术创新的进展，对于投资的时间节点、风口的到来会有更准确的判断。但是，市场上的一个问题是，天使投资机构可能不太会选择科学发现和技术创新类项目的公司，因为一则需要的周期太长，二则在这些项目需投资金的总量往往超过一家天使投资机构在一个项目的上限。

我投资的大多数是应用层面上的项目，但是我也关心科技层面上的进展。这几年我看到的机会主要在人工智能和虚拟现实方面。我觉得 2018 年对于人工智能和虚拟现实就如同 2011 年之于移动互联网一样，有很多创业者选择围绕人工智能和虚拟现实进行创业。我预计 2018 到 2019 年的主要机会会被那些对科技更敏感的早期投资人抓住，而 2019 年后，对消费需求和应用场景有深刻理解的投资人在投资基于这两项技术如何改变人们生活方式的项目上会更有优势。

人工智能（AI）

AI（Artificial Intelligence，人工智能）是当下的流行项目。这一次人工智能革命的主要推动者是科技巨头们，像谷歌、英伟达。这些已经领先的科技巨头在人工智能领域的持续加大投入，让人们看到了科技继续发展的趋势。2016 年阿尔法围棋（AlphaGo）战胜李世石，标志着人工智能的时代真的来了，之后和人工智能相关的初创企业纷纷涌现。

谷歌、脸书（Facebook）、英伟达这些科技巨头在人工智能方面已经走在前列，中国科学家和工程师在人工智能相关领域的研究也比较多，阿里、百度等国内巨头在人工智能方面也不断发展。这些大型企业纷纷在全球收购人工智能相关的企业和人才，研发出阿尔法围棋的公司就是谷歌在英国收购的一家创业公司。在底层技术上，人工智能这一科技领域最重要的方向的主导权仍然牢牢地把握在科技巨头手中，这些大型互联网公司在获取技术、数据上有强大的优势。而技术上和数据上的双重优势，使得初创公司想要在人工智能这个领域打败互联网巨头的可能性微乎其微。

我认为人工智能领域不会产生新的巨型科技公司，但是在基于底层技术之上的应用创新上，初创企业仍有机会。

人工智能的初创企业整体可以分为两类：一类是人工智能的技术公司，它们之前并没有太多特定行业的经验；

另一类就是那些在传统行业有相当多资源、想利用人工智能技术来改造行业的公司。 我个人并不看好第一类创业企业。 因为人工智能的技术发展非常快，一家创业企业想要从头构建，从底层技术上进行突破的可能性很低。 科技巨头对人工智能都高度重视，并投入重兵，大多数有人工智能背景的人才都被这些科技巨头收入麾下。 创业者想要在市场上找到优秀的人工智能专家已非易事。 何况人工智能的爆发在某种程度上是由于现在人们拥有的计算能力有了巨大的突破，这使得深度学习成为可能。 而现在市场对深度学习的开发还未取得突破性进展，所以在未来，人工智能的最大机会还是基于深度学习的算法在各行各业中的优化和应用。

另外，现在有很好的开源的人工智能工具，如谷歌的 TensorFlow（谷歌基于 DistBelief 研发的第二代人工智能学习系统）和加利福尼亚大学伯克利分校研发的卷积神经网络框架都是目前可用的比较好的开源工具。 所以那些在传统行业有一些积累的创业者更有机会拿到行业内的数据。 只要有了行业的数据，就可以有机会对算法进行训练，没有行业内的数据，这一步就无法进行。深度学习的这个特点使得行业的初入者成功的机会远小于作为传统行业老兵的创业者。

虚拟现实（VR）

几个月前我问还在上小学的孩子，觉得 VR（Virtual Reality，虚拟现实）和 AR（Augmented Reality，增强现实）哪个会先爆发。他回答我："AR 会先爆发，VR 会比较后面。"我好奇为什么他这样说，他的解释是他玩的游戏《精灵宝可梦》就是运用了 AR 技术，而且他身边的小朋友都在玩，他觉得 AR 的体验更加有临场感，所以更有未来。从我和孩子的对话中我意识到 AR、VR、MR（Mixed Reality，混合现实）对 2000 年后出生的孩子来说并不陌生。倒是很多成年人分不清什么是增强现实，什么是虚拟现实。

VR 是指在虚拟世界中的完全沉浸式体验，而 AR 是把数字影像叠加在现实世界中。 AR 会提供跟周围环境相关的数字信息，同时允许我们与周围环境进行交互。 VR 的设计会使我们与周围环境隔离，让我们与完全的虚拟世界进行交互，通过视觉、听觉和触觉反馈让佩戴者有种身临其境的感觉，是一种完全沉浸式的消费体验。 VR 的应用很大限度上代替了一些领域中屏幕的展示方式，如电影、游戏、教育和培训等领域。 VR 前几年火过一段时间，但是并没有什么初创项目确定性地获得成功。 但是这两年技术上的积累使得 VR 在应用层面的突破在即。 不少业界的"牛人"预测 VR 将改变世界。 HTC 的副总裁 Steiber 就把 VR 称为——

带我们游历于真实与虚拟世界之间的入口。

VR 通过视觉加上听觉和其他感官的输入，让人们很容易认为虚拟世界就是真实世界。 庄周梦蝶的故事在未来会变得有现实意义。 AR 不依赖于沉浸式内容，带来的震撼可能不如 VR，但是在一些领域已经运用得比较多了，如视频直播中用到的美颜滤镜功能。 MR 是在增强现实和虚拟现实之后更先进的一种技术，将几种不同类型的技术，包括传感器的使用、更先进的光学设备等技术结合到一起。所有这些技术被整合到一个单一的设备，为用户提供增强现实的实时内容，并将其放置到虚拟空间中，带给人一种难以置信的现实和虚拟场景。

这次 VR 创业的主要机会来自内容领域。我们将看到有不少具有拍摄能力的 VR 内容公司产生，比如 VR 游戏。由于 VR 拍摄和传统拍摄有很多不同的需求，传统拍摄过程中好的演员和导演未必能够适应 VR 拍摄过程中的新变化。比如单个镜头的时间更长，镜头的位置比较固定，很难在单个镜头的过程中任意移动等。另外，制约 VR 普及的一个主要原因就是人们在佩戴显示设备进行 VR 体验的过程中随着时间的延长，会有明显的眩晕感。所以，我认为 VR 领域的大规模突破将在眼球跟踪技术突破后，此时 VR 的体验也将得到更大的提升。眼球跟踪技术不仅仅可以解决佩戴 VR 设备的眩晕难题，可能也将开启一种通过眼睛动作与虚拟世界进行互动的新方式。这种交互方式有可能是像触摸输入、语音输入一样的入口级别的巨大机会。 我在这方面投了一家有可能改变行业的技术公司——耕岩科技。 另外一些可以改善 VR 体验的外部设备也在飞速发展，比如允许用户在虚拟世界中体验真实躯体感觉的下一代触觉衣。 这些 VR 辅助设备的进展也对 VR 的技术突破有至关重要的作用。

另外，MR 的爆发同样近在咫尺。 MR 会先通过扫描创建一个 3D 模型，并且不断将数字内容加入这个空间。 MR 还可以让我们通过手势控制的方式进行交互操作，结合了 VR 和 AR 的优势，更好地将 AR 技术体现出来，从而进行更深层次的交互。 这种更深层次的互动将在某些方面大大提升人类协同工作的能力。 这种复杂情境下的协调能力能在某些领域进一步提升人类处理问题的效率。 那么，为何说 MR 的爆发近在咫尺呢？ 这是因为关于 MR 的场景实现已经有了初步的方案。 苹果公司的 ARkit[①] 显示苹果

---

① 苹果在 2017 年推出的 AR 开发平台。

的摄像头已经具备实时的 3D 建模功能。 苹果公司展示的 iPhone X 的 Animojis 就是这种实时 3D 建模功能的一个很好的应用。 在未来的一到两年里,将会涌现非常多利用实时 3D 建模功能来提供更好的行业内解决方案的创业公司。

纸上谈兵地分析这几个领域,其实很难有什么真知灼见。 如果有机会和创业团队沟通,能够近距离去观察几家创业公司的运营和管理,和创始人有更多的互动,则会有更多趋于真实的看法。

又比如区块链项目,刚开始接触一些区块链的项目是在 2015 年的时候,那时候区块链的项目并没有受到热捧,主要的热门是在互联网金融领域。 再次关注区块链是在 2017 年的时候,原因是著名风险投资人弗雷德·威尔逊有一些关于区块链的看法引起了我的注意。 他认为区块链有可能是新一代的基础设施。 既然"牛人"对区块链的评价如此之高,我就准备再次跟进了解区块链。 原本还想慢慢地深入了解区块链,但是 2018 年年初徐小平老师关于区块链的文字彻底点燃了这个领域。 越来越多的人开始意识到区块链是无法忽视的一件投资界大事。 大家有一个共识就是区块链是长期以来看到的最激动人心的技术转变之一。当然，投资人感到兴奋的原因是这个技术转变可能产生的巨额投资收益的潜力。

而创业者也早就看到了区块链的未来，现在的区块链领域特别是币圈肯定存在泡沫。 当然，泡沫也有其好的一面，那就是它能够为许多实验提供资金。 通过大量的实验，人们可以大概地了解区块链的作用和意义。 我认识的一些创业者中有几个主动地做了一些和区块链有关的事情，但是更多的创业者则是被动拥抱了区块链。 比如说有一个创业者在自己的创业领域内是领先的，但是他发现之前并不看好的竞争对手因为区块链而突然发力，圈了好多钱。 这位优秀的创业者迫于形势不得不去了解区块链和ICO(Initial Coin Offering，首次代币发行)的讯息。

那么区块链到底是什么？ 区块链所带来的本质改变又是什么呢？ 我自己的理解是：

区块链是底层，是后台技术，是信任基础，是价值可以进行交换的基础设施；

Token（通证）是前台的表现，是权益的证明，可加密，可流通；

智能合约即应用，是商业模式，是自动执行程序代码。

这样的总结其实还是有很多模糊不清的地方。有人说区块链对于当下的我们来说就像是量子物理在 20 世纪，是不可能完全搞懂的。

2017 年下半年之前，我在区块链这个领域遇到的大多数创业者都是以真诚的态度去对待这块领域的，他们希望建立一个分权的世界，使网络参与者获得权力。但到了 2018 年，我遇到的大多数区块链创业者更多的会把区块链方向的创业看作是一个快速致富的机会。

通常大家会把区块链方向的创业者分成币圈和链圈两类，我相信投资人也是这样的。对于毫无依托的币，我觉得除了交易的价值外，没有什么投资价值。因为其内在的价值没有实质性的改变，只是可能更多的人认可了币的价值。这有点像收藏品，大家认就值钱，不认就不值钱。更坚定的拥抱者可能是一些非法的交易者以及主权货币信用糟糕的落后战乱国家。 比如，朝鲜半岛一旦有个风吹草动，比特币的价格就上涨，这可能跟日本人和韩国人对国家主权货币的担心有关。 就像巴菲特从来不认为黄金应该很值钱一样，我觉得加密货币从投资角度来说并没有什么价值。 而且我相信大家已经意识到：那些没有依托的空气币如果割了"韭菜"后，对国家产业的进步毫无益处，有割"韭菜"这种想法的创业者和投资人则会面临巨大的风险。

对于除加密货币之外的区块链，人们的普遍认识是区块链解决了陌生人之间的信任问题。 在很多时候，信任的成本是非常高昂的，但是通过分布式的记账和智能合约的方式，信任的成本可以降到很低。 著名经济学家科斯认为，交易费用应包括度量、界定和保障产权的费用；发现交易对象和交易价格的费用；讨价还价、订立合同的费用；督促契约条款严格履行的费用。 在科斯理论中，交易费用有一部分是信任的成本，如果这个交易是建立在区块链的基础设施之上，信任的成本可以几乎是零。 由于信任成本的大幅降低，很多不成立的商业模式成为可能，很多原本成立的模式会运行得更加高效。

除了信任的成本降低以外，另一个直接的好处是分配的机制透明且执行成本低。区块链会根据每个参与者付出的时间、知识、精力、数据通过智能合约给予双方认可的回报，而因为这一分配机制的实行，类似于淘宝、滴滴等依靠信息撮合进行赢利的平台公司会受到威胁。因为每个平台和社区的参与者都在觉醒，都会要求对自己在平台和社区的参与获得适当的回报。平台公司会越来越难以应对这股浪潮的崛起，它们掌握的消费者数据将来在使用时也需要付给数据真正拥有者一定的费用。早期参与者通过自己的活动获得的 Token 会随着平台和社区的成熟、完善获得类似于原始股票一般的回报。未来的商业运行会是在区块链的基础设施之上，这一点是肯定的。当然，集中式系统平台将在很长时间内为广大用户提供服务，直到它们的创新速度放缓，同时基于区块链的分散系统也将变得更加稳定，使用起来也更为简单。这中间花费的时间，我预计至少需要 10 年。

随着区块链世界的崛起，搞技术的"码农"们站上了舞台，他们会对社会发展带来一些新的方向。 但一个社会会的发展方向还是需要各行业相关学者共同探讨才能更为清晰，最终得出的前进方向才不会走偏。 比如说在保护消费者、保持比特币协议的创新潜力方面有更规范的规则，比特币才更有未来。 我坚定地相信，只有政府能够以某种方式控制比特币的时候，比特币才有机会大发展。 或许通过比特币的运用，各国政府不得不一起制定出一套更符合未来人类社会发展的共同规则。

宋朝诗人释师范的《偈颂一百四十一首》的第八首这样写道：

过去已过去，未来亦未来，即今名现在，现在安在哉。

诗的意思是，过去的已经过去了，过去不属于现在。而那将要到达的未来却还没有到达。 那所谓还未到来的未来，也可以说就是现在吧，而当我们提及现在的时候，在转瞬间，又都已经成为过去。

对于投资人来说，过去的已经过去，错过的案子也无法追回，哪些投资人对未来的思考更具有穿透力，就更有可能比别的投资人先看到投资的机会。 很多行业内的高管认为预测未来是不可能的，因为变化的速度越来越快了，行业生态的演进也以超出想象的方式进行，连跟上现在都很困难，更不要说预测未来了。 我认为投资人关于未来的态度有以下两种：有些投资人的态度是对未来不做过多的判断，他们比较常用的方式是修正，而非预测，比如当大家在投手机游戏的时候，他也参与，当大家不参与的时候，他也停下来。 当大家认为分享经济是热点的时候，他一样参与其中。 这样的投资人想要成功，需要有能力在一批类似的创业项目中投资到最有可能成功的那个。 另一种投资人则是对未来要发生的事件进行积极的预判，这类投资人往往在大家还没有投手机游戏的时候，就已经参与其中，当别的投资人还在投资手游的时候，他可能已经停止投资这个领域。 这样的投资人在面对类似创业项目的比较选择上往往能够更快速、正确地做出决定。 通常最早意识到未来的创业者也是最优秀的创业者。 我认为，早期的投资机构和投资人更需要有对未来趋势判断的能力，而中晚期的投资机构和投资人需要在同类项目中挑选优秀项目的能力更强。　就对未来的敏感性而言，创业者最敏感，其次是天使投资人和风险投资人，之后是 PE 和二级市场的投资人。　对于早期的投资人来说，如果能够把握住未来大的变化趋势，就更有可能先看到赛道的浮现。　一个早期的投资机构如果不对未来进行预判，就如同一只行动缓慢的大恐龙生活在剧变的环境中，自身充满了危机。

我们可以确认的是并没有一个可以预测未来的水晶球。　未来的变化如此巨大，我们该如何预判？　我认为有两种方法可以帮我们看清未来。　我把这两种方法叫"大中见小"和"小中见大"。

就"大中见小"来说，有一种情况可能是：未来已经发生只是还没有抵达到我们身边而已。　就像早八点由北京开往上海的高铁已经出发，虽然还未到达上海，但在大概 5 个小时后这趟列车必然抵达。　比如说我们看到人口学家易富贤在接受《商务周刊》采访（《中国人口的拐点——专访人口学家易富贤》）时所呈现的数据，可以分析预判出2011年后中国的劳动力成本的上升，并可以据此预判出劳动力拐点，随着时间的推移，这个拐点会越来越明显。 全国范围来看，房价的发展趋势也不会脱离这个人口拐点的趋势太远。

我们在看大的趋势时，需要意识到大趋势中的不均匀分布。 比如说： 全国的人口拐点已经到来，但是北京、上海等超大城市，由于人口的净流入，劳动力人口的拐点仍未出现，而一些三、四线城市的人口拐点早已发生。 如果你是健身行业的创业者，而且了解到年轻人做无氧运动会比较多一些，中年人主要以有氧运动为主，若是老年人则更多选择的锻炼方式是拉伸，当你注意到人口拐点的趋势，再结合你所在城市的人口特点，你就比你的竞争者对于同样的健身市场更有洞察力。 对于"还没有抵达"的确认趋势，我们要预测与之相关的变化会在哪里发生，哪里是机会的富集地。 基于人群分布的不均匀性特征，我们既投资了健身项目里面的当红 Keep，也投资了另外一个线下健身的创业项目 MoreFun。

另一种"大中见小"的情况是：天花板的临近。2016年科技界有一件很吸引眼球的事件，即英特尔公司宣布摩尔定律失效。摩尔定律可以说是半导体和计算机行业最重要的定律。摩尔定律其实是一个预言：每两年微处理器的晶体管数量都将加倍，与之对应的芯片的处理能力也加倍。这种指数级的增长促使20世纪70年代大型计算机的出现和90年代后期个人计算机的迅速发展，以及之后互联网、移动互联网和现在很火热的大数据和人工智能的发展。但是现在，这种发展要告一段落了，因为顶级芯片制造商的电路精度已经达到14纳米，比大多数病毒还要小。由于同样小的空间里集成了越来越多的硅电路，产生的热量也越来越大，这种原本两年处理能力加倍的速度已经慢慢下滑。到2020年，即使人类可以将芯片线路做到2～3纳米级别，然而，当线宽小到接近极限之后，线路与线路相互间的距离越来越窄，将会导致相互干扰。为了减少这种干扰，可以采取减小电流的方法来解决，但是，当通过线路的电流微弱到仅有几十个甚至几个电子流动时，信号的背景噪声会变得很大，而且由于线宽过于狭窄，量子效应会发生作用，导致传统的集成电路理论不再灵验。

此外，还有更多更大的问题也慢慢显现。 摩尔定律的极限已经在那里了。 当极限临近的时候，真正的创新将出现在相邻的领域。 例如计算机行业以硬件为先，随后是软硬件互相驱动的双轮模式，最后将变为以软件为主的驱动模式。 云的普及与硬件发展的极限也有很大的关系，临近天花板的行业是不应该进行投资的。 也因此，如果不是由于美国对中国的高科技产品出口进行限制，中国是不应该投资集成电路行业的。 高铁的运营速度不会无限制地提升，现在的速度已经接近安全运营的极限。 这种大投入的基础设施行业，只有当技术临近天花板的时候才会快速大规模的普及。 我把创业中常说的 MVP，理解为测试商业模型在临近天花板的情况下是否可行。 MVP 出来后，如果可行，剩下的工作更多的是交给运营和微创新。 我们看 2017 发展火热的 ofo 和摩拜单车，其实两者的 MVP 已经成型，只有在该领域的创新匮乏的情况下投资人的钱才会再次投进来，并出现大规模、快速的普及。高铁由国家主导，不面对竞争，这种大规模的快速普及胜算极高。而 ofo 和摩拜单车这类共享单车企业则由投资人主导，竞争的层面已经由产品转移到运营的竞争，大家对 MVP 接近完美产品的认可度越高，竞争就会越激烈。"捕兽能手"朱啸虎在 2017 年 9 月 26 日首次提出 90 天内结束战斗的想法肯定是低估了竞争的激烈程度，战斗才刚刚开始。如果是政府做出 ofo 和摩拜这样好用的共享单车项目，对资源的利用会有效率得多。

还有一种"大中见小"的情况是：天花板的打破。英特尔前任首席执行官格鲁夫曾经说过："如果你想知道未来 10 年科技会发生什么，只要回头看看过去 10 年发生了什么就可以了。"未来的果，是过去种下的因。所以，要预知未来，可以从过去中找到答案。从数学或者哲学上来说，事物发展是有一定趋势的，只要发现它的趋势，就能把握事物，甚至可以大致判断它的未来。当然一个事物的成长需要多方面的条件。这就如同革命的成功一样，不是一蹴而就的。

在创业的路上，创业者真的不知道自己是哪类创业者。 互联网泡沫后迎来了互联网真正的崛起，数据的价值多次被热炒后，真正的价值已经开始显现，人工智能的多次热潮消退之后，我们迎来了人工智能的真正爆发。 这些过去发生的令人激动的颠覆性的机会一定会卷土重来。 作为投资人，如果我们能够判断出过去"革命"失败的天花板在哪里，当我们知道天花板被打破的时候，"大革命"的机会就来了。 创业者永远是充满理想的革命者，而作为投资人的我们在看到"大革命"的时候一定要做一个坚定的机会主义者。 2014 年前后，O2O 已经出现过一次热潮，然而很多项目失败了。 当投资人意识到 Online to Offline 模式困难的原因在于线下的运营能力不足，在看到一些传统行业里的公司在试图做 O2O 时，就不应该过于恐惧，因为天花板或许已经被打破，大的机会已经到来。

"小中见大"的情况主要有两种： 第一种是痛点的解决。 我最近看了一个厦大校友的创业项目，他在工作中和自己团队协同开发了一个产品，产品经过内部的使用逐步

变得完善。 在使用的过程中，他发现可用的场景可以延伸
到很多领域，于是他看到了更大的价值。 再举一个例子，
"生意专家"①的创始人郭锐起初只是为了给自己媳妇开的
精品店编写一个店铺管理的软件产品，却没有想到这个软
件逐渐被人们所接受，越来越多的商家开始使用，直到现
在全国已经有好几十万的店铺在用"生意专家"的产品。
当越来越多的店铺使用他研发的产品后，大量的实例促使
更多有想象力的商业模式供企业进行推测演进。"夫风生于
地，起于青蘋之末"，说的就是这种洞见未来的方式。

第二种"小中见大"的类型是：邻近的创新。 一个行
业本身没有发生什么改变，但是与其类似的行业和公司发
生了变化，这个变化可能很快也会出现在这个行业。 比如
客户关系管理领域里面 salesforce 这样一种 SaaS 模式的巨
大成功，预示了在类似的企业服务软件的一大波 SaaS 的机
会。 如果基于 salesforce 的成功，我们可以总结出无行业

---

① 一款为实体商户及各类型中小生意商户提供一站式开店的产
品(服务)。

特性的软件会先被淘汰，那么我们就有机会投到一些与人力资源、企业财务相关的 SaaS 服务提供商。 我们看到早期 SaaS 刚火起来的时候，觉得虽然 ERP(企业资源计划)会比垂直类的 SaaS 服务提供商难一些，但是电商使用线上软件的基础最好，有可能会先脱颖而出几家为电商提供服务的 SaaS 公司。 于是投资了为电商服务的公司"卖家云"，经过两年的发展，"卖家云"已经为好几万家电商提供了 SaaS 服务的产品。

通常来说，投资人对未来的观察比较宏观，因此预测未来主要是利用"大中见小"的方式。 而创业者在创业中获得对未来的认知往往是以"小中见大"的方式，他们得专注于具体事实的变化。 宏观的预测很少会出现差错，但在趋势发生的时间节点预测上还是存在着很多的不确定性。 成功的投资人需要从具体微观的变化着眼，对趋势的到来更加敏感，对项目爆发的时间点有更深刻的感知。 所以早期的投资人要用宏观的思路判断出大的行业方向，再通过与创业者的不断沟通和交流获得更多更具体的基于事实的信息，才能够洞见未来。　只要我们以"大中见小"和"小中见大"的不同视角去反复审视未来，就有机会看见未来昂首阔步向我们走来。　如果我们事先看清了未来，就可以在其他的投资人、创业者还没有意识到的情况下先下手为强。　早期投资人就是与未来打赌，如果能够窥见未来那就如同看了别人的牌再上赌桌，胜算势必会大上许多。

想起一首老歌的歌词——

如果现在能预知未来，明天的我在哪里等待？我要坚持，绝不放开。如果现在看不清未来，梦想之花，在心中盛开。我依然会用心对待。

图书在版编目(CIP)数据

天使投资指南：从经验到实战的投融资智慧 / 刘国
炜著.—杭州：浙江大学出版社，2019.1
ISBN 978-7-308-18749-7

Ⅰ.①天… Ⅱ.①刘… Ⅲ.①投资—指南 Ⅳ.
①F830.59-62

中国版本图书馆 CIP 数据核字（2018）第 263452 号

天使投资指南：从经验到实战的投融资智慧
刘国炜　著

策　　划	杭州蓝狮子文化创意股份有限公司
责任编辑	卢　川
责任校对	汪淑芳
封面设计	卓义云天
出版发行	浙江大学出版社
	（杭州市天目山路 148 号　邮政编码 310007）
	（网址：http://www.zjupress.com）
排　　版	杭州林智广告有限公司
印　　刷	杭州钱江彩色印务有限公司
开　　本	880mm×1230mm　1/32
印　　张	6.625
字　　数	90 千
版 印 次	2019 年 1 月第 1 版　2019 年 1 月第 1 次印刷
书　　号	ISBN 978-7-308-18749-7
定　　价	38.00 元